瑪那熊

[illegible]

在一起，不是要你假裝幸福

揮別戀愛焦慮的25堂感情成長課

瑪那熊｜陳家維｜著

推薦文
成為伴侶心中的天選之人

胡展誥／諮商心理師

在親密關係的講座上，我經常問聽眾三個問題：
第一，你的伴侶有因為和你一起生活之後，而更喜歡他自己嗎？
第二，你的伴侶在與你的互動中，有覺得生活充滿樂趣且滋養嗎？
第三，在這一段關係當中，伴侶也能滿足你前兩項的需求嗎？
每一次拋出這三個問題，我都會看見許多張像是在叢林裡迷失了方向、充滿困惑的臉龐。顯然，多數人不太去思考這件事。

許多人抱怨戀愛的甜蜜感隨著時間流轉而淡去，甚至不解當時怎麼會和這個無聊透頂的人在一起。

坦白說，「新鮮感隨著熟識而消逝」是再正常不過的現象，正因為如此，我們才需要刻意在關係當中探索幫助關係保溫的元素。假如兩人都抱怨感情愈來愈乏味，卻又只投入在自己的工作中，下班後也只自顧自滑手機、追劇，對於對方的生活與需求不感興趣。如此互動的結果，很可能是漸行漸遠，最終變成最親近的陌生人。

偏偏我們從小被教導認真讀書、認真工作，鮮少有人教我們如何讓關係變得滋養又有趣。就連扣人心弦、甜到螞蟻滿地爬的愛情劇，也經常都是停留在心動告白後，以唯美接吻確認交往關係的最終畫面。看到這裡，我的內心都會產生困惑：「等等！接下來呢？從此之後每一天都很甜蜜嗎？為了生活大小事而吵架的時候怎麼辦？兩人都對約會不感興趣時怎麼辦？」

這些偶像劇沒有演出來的部分，才是現實的感情中最困難，也最需要去學習的功課。幸好如此重要的功課，心理師瑪那熊為大家一一寫在這本書裡。

這一本書沒有空泛的勸說，也不會教你用某些套路來說贏對方，讓你在關係中顯得比對方優越。這本書的內容就如同我認識的瑪那熊本人——幽默、溫暖，同時又讓你覺得自己是一個很有價值感的人。

他用樸實且貼近生活的故事與文字，陪伴你學會在關係中持續成長，能夠聽懂彼此內在最深刻的聲音，能夠用同理而非攻擊的方式來回應對方。這些過程不總是快樂的，會有挫折、無奈，也會有許多對自己、對感情的困惑。正因為經營關係是一件不容易的事情，所以我們才需要刻意練習，練習如何愛人，也練習在談感情的過程中，學會如何愛自己。

這本書當中有幾堂課，推薦你翻開來優先閱讀，甚至要重複閱讀，包括如何在戀愛中保有彼此的界線，維持既親近卻又自在的心理狀態；學習建立一套輕鬆無負擔卻又能讓彼此甜蜜的互動儀式感；還有最重要，並且也是我常常說的：吵架是啟動溝通的一個重要開關，但經常為了同一件事情重複吵架並不是一件好事。這本書裡也會陪伴你認識衝突這件事，學會面對衝突、解決衝突，不讓彼此在這過程中受傷。

談戀愛是很美好的事情呀！我們在一段很棒的關係裡滋養彼此，也因而成為更有自信、更完整的人。衷心祝福你能在這本書的陪伴之下，開始懂得為你們的關係加溫，成為彼此心中的那一個天選之人。

推薦文

幸福可以假裝，關係的裂痕卻無法隱藏

海苔熊／心理作家

這是一本與大家分享「在一起，然後呢」的書。認識瑪那熊多年，看到他一直以來的成長，從教大家如何約會、吸引伴侶，到現在開始談感情經營，真的有種「孩子長大了」的感受。

其實，「成長」也是我們在戀愛當中必經的過程，尤其是在刻板印象底下「男生追求／女生被追求」的脈絡，很容易陷入「男生到手以後就不珍惜」、「女生要不斷地防守、欲拒還迎」的奇怪劇情，卻忽略了，在一起之後，才是考驗的開始。

這本書回顧了依戀理論當中談到的三種依戀需求（可及性、回應性、投入性），梳理其在感情中的重要性。透過心理學的角度，讀者可以了解如何在關係中安定自己的心，並讓彼此感受到幸福。另一個亮點是，書中運用「情緒取向治療」（Emotionally Focused Therapy，簡稱EFT）的方式來面對親密關係的衝突。市面上有很多專門的書籍，但這一本寫得最淺顯易懂，尤其對於不喜歡看太多道理的你，每篇都講到要點，下班在停車場坐五分鐘，就可以看完一個章節——這時候再上樓，往往有機會創造更好的伴侶或家庭關係。

此外，瑪那熊還解析了許多在愛情中容易遇到的疑難雜症，如冷場、對方魅力消退、如何面對情敵等。透過這些實際案例，你會更明白，感情裡面最大的敵人並不是對方，而是需要一起去面對那些衝突和摩擦的考驗。

幸福可以假裝，關係的裂痕卻無法隱藏。

在這個充滿挑戰和變幻莫測的愛情世界裡，《在一起，不是要你假裝幸福》可以陪你修補感情的裂痕，找到關係裡的親密與真誠。

推薦文

放下假裝，獲得眞正的幸福

張忘形／溝通表達培訓師

不知道你有沒有看過童話，那些結局通常都會告訴你，王子與公主過著幸福快樂的日子。但如果真正走到交往，甚至踏入婚姻，你會發現過著幸福快樂的日子，也太難了吧？除了可能會有不安全感，彼此之間會有摩擦，還可能會產生衝突，甚至只是生活方式的不同，都會讓人懷疑當時為什麼選了這個人。

然而，這總是不能讓別人發現的，所以我身邊有很多「社群」情侶，秀出來的照片是各種恩愛，好像又去了哪邊玩，甚至有很多「放閃文」都在感謝彼此。忽然分手，才讓大家感到萬分驚訝。

旁人總是會一頭霧水，這兩人不是好好的，怎麼會就這樣分手了呢？而這就是我覺得《在一起，不是要你假裝幸福》最有趣的地方。

我們之所以交往、結婚，到底是要讓別人感覺到我們很幸福，還是真正過得很幸福呢？如果你想要的是後者，那麼，我想這本書可以給你許多指引。

這本書最棒的，就是什麼情境都幫你想好了，從自己怎麼變好、怎麼設定兩人的界線、彼此陪伴的方式，甚至連面對第三者的方法，都一一為你說明、解答。

我自己很有感的，是書中說到的「躲藏者特質」，這是我很常不經意就用上的一套處世之道。我常常覺得，反正遇到事情，就說都是我的錯，趕快道歉就好了。況且都道歉了，你到底還想怎樣呢？

後來才發現，其實我只是想逃避事情。「反正解決很麻煩，那就拖著吧。」但最後就變成事情沒解決，成為衝突的爆炸點。當我看到這一課時就在想，如果早個幾年看到，該有多好！

所以好希望把這本書分享給你，也許我們能少走很多歪路，把彼此吵架、衝突、冷戰等寶貴的時間，改為拿來陪伴彼此，讓感情變得更好！

推薦文

成人情感獵場中的「練」愛大人學

黃之盈／諮商心理師

情歌詠唱著戀人的絮語，最不過時的內容總是在那初戀的煎熬、相戀的掙扎，無論是高調地想要到世界各地去旅行、互訴甜蜜的情話，或想念錯愛的結局，把思緒化成詩歌，以另一種低調的姿態，將愛藏在相遇的縫隙。

付出感情，也可能總在錯位時空，從單戀中找尋對方的身影；偶爾自我懷疑，沉浸在欺騙自己的騙局。各種相愛的點滴，就在依戀訊息中，完整看見一個人從愛中尋找自己的動機。

看著這本論及交往關係的書，回想和瑪那熊一起學習「情緒取向治療」的過程，他是對情感刻劃非常深刻、且努力在依戀訊息中聽懂當事人的學習好夥伴！

人類在情感中尋求慰藉，自小就有過人的依附需求和依附跡象，也在親密和衝突中，重新調整自己與伴侶相愛的步調，穿越衝突和爭吵，進而去看懂依附的渴望，聽見對方來自心底的渴望。

當防衛的高牆阻擋我們的溝通，我們能否穿越恐懼，重新看見害怕背後的顫抖？也許，相愛這件事本身，除了相依偎，更引領我們看見更積極的意義——我們願意從恐懼中看穿你我的脆弱，除了懂自己，也看見你願意讓我了解你、讓我接住你。

當衝突像黑暗般襲擊我們，我們能否像追光者，從中練習愛的功課？也練習不愛依然能成熟，在每一次的大雨滂沱後，看見彩虹？

祝福我們都能藉由這本書，透過愛的旅程，練習去擁抱和珍惜「彼此生命皆有裂隙，更有光」的這門大人學。

在一起，
不是要你
假裝幸福

目次

PART1 交往了，然後呢？

PART2

美好關係，從持續吸引開始

PART3

陪伴，是戀愛的成長心態

PART4

衝突免不了，卻能讓我們變得更好

PART5

關係中的疑難雜症

前言

人生終於走到這一步了

那一刻的畫面，至今仍深深烙印在你腦海中。

或許是仰頭看著夜幕煙火時，你默默牽起了她或他的手。

也或許是走在寧靜的公園中，對方輕輕挽著你的手臂。

可能是在某間裝潢浪漫的餐廳，你鼓起勇氣說：「要不要和我交往？」

或者是散步到山頂，俯視風景時，你忍不住問：「那我們現在算是什麼關係？」

你可能走老派風格，在摩天輪轉到最高處時，道出：「其實我很喜歡你。」

也可能你走霸氣總裁、成熟御姐路線，在手上點燃的菸尚有一半時，直盯著對方的眼睛說：「那，當我的女人／男人吧。」

文青路線的你，在原本習慣獨自前去、香味飄渺於昏黃燈光下的咖啡小店，啜飲一口苦澀後說：「以後我們都一起來吧。」

「啊，好啊。」他笑得既靦腆又燦爛，而剛才的苦與酸，此刻於喉頭散發出果香。

不論有沒有告白，或用怎樣的方式告白，「確定成為情侶」的那一刻開始，你們踏上了新的旅程，割捨了某些自由、某種機會、另一個也有可能的對象，換取了新角色與正式關係。

恭喜，你與自己欣賞喜歡、為之心動的人終於在一起；那個令你夜裡思念、期待見面的對象，此刻就在你的身旁與懷中。

故事已到尾聲，辛苦有了回報，從此你們將執子之手，與子偕老，共同過著幸福快樂的日子。

不是，人生真有這麼容易，本書也就無緣出版了。

若曾有過交往經驗，你早就知道前幾行的描述是種都市傳說。如果問身旁朋友同事：「交往後是否從此過著幸福快樂的日子？」想必他們會說：「醒醒吧，別傻了。」

從單身到脫單，你努力提升自己、認識對象、規劃約會、吸引對方，如今你正享受辛苦換來的甜美果實。恭喜你已通過第一階段的關卡，即將前往第二、第三……直到第五四八七關的挑戰。是的，前面僅是暖身，考驗正要開始。

如同拿到獵人執照後，才是真正艱難的測驗；擊敗陵南成為神奈川代表後，還得參加全國大賽和山王決勝。

但與之前不同，現在的你有了隊友，對方可能是維繫關係的助力，也可能是衝突來源或影響關係的阻力。在你期待與對方攜手邁向快樂結局的同時，也要了解關係中會有哪些危機與風險，以及……什麼情況會走到不好的收場。

PART 1

交往了，然後呢？

隨著雙方有更多的互動，愈來愈了解彼此，
我們的理性也隨之發揮作用，
影響原先既有的「感覺」。

第1課

幸福快樂的日子已經到來……才怪

「分手」是情侶最不願遇到的事情，卻也是踏入情場的芸芸眾生幾乎都會遇上的事件。被分手的人，總會不自覺探尋分手的原因；剛踏入愛情的人，也會想知道如何避免分手。

面對「喜歡的人」離去，對我們來說是個重大的失落事件。分手與「單戀被拒絕」或「告白被打槍」不同，後兩者並未進入一段正式的交往關係，尚未與對方簽下成為情侶的心理契約。分手之所以威力強大，在於你已經與某個人合意成為情侶，有著「男朋友／女朋友」這個身分，且雙方往往累積不少相處經歷與回憶。不只有更多身體交流、性的接觸，通常也有著更濃烈的心理情感依賴。

從心理學角度來看，與所愛之人結束關係的失落反應，其實與喪親之痛（或寵物去世）的反應相似，包括否認、悲傷、絕望、憤怒、罪惡感、孤獨感、空虛寂寞覺得冷、止不住的思念、情緒或生活暫時失控等。這些情緒自然也會影響生理，睡不著、吃不下、起不來是最常見的失戀異常狀態。若以一句話來形容，就是「失魂落魄」。

有些分手後的反應，甚至與創傷後壓力症候群（Post-Traumatic Stress Disorder，簡稱PTSD）之症狀類似，例如不斷想起過往回憶，或夢到與對方有關的人事物，驚醒後潸然淚下。也可能會刻意避開可能想起對方的情境與物品、注意力無法集中、無精打采、容易恍神、不知自己身在何處、想不起剛才做了些什麼。

不少人以為，主動提分手比較「沒那麼傷」，被迫或被動分手則會經歷較多痛苦。的確有學者認為，提分手的悲傷程度與生理症狀影響較低，取而代之的是較高的罪惡感；被分手的人則感受到較多的孤獨、沮喪、憤怒，生理症狀也較明顯。但也有學者認為，提分手與被分手雙方的悲傷程度沒有太大差異，或並非程度差異，而是本質上的不同。

無論如何，多數人想必都不希望與伴侶走到分手這結局。而且現實生活並不像線上的戀愛遊戲，可以隨時存檔與讀取[1]，當伴侶離去，往往代表彼此將走向平行人

1　一套句老玩家的用語，這叫「SL大法」（Save & Loading），錯了可以重新再來。

生。或許多年後偶然在某個路口擦身而過，那股熟悉的香味讓你猛然回頭，對方卻已走遠；又或者在未來的某天，你牽著伴侶的手，在百貨公司遇到推著嬰兒車的前任，雖然大家互相客套打招呼，洋溢著滿滿笑容道別，但當晚對你來說肯定是個失眠黑夜，並想起原已塵封的那些回憶黑頁。

這裡並不是說「分手」必然是壞結局，如果處於一段不滿意的關係，已經多次企圖改善，卻得不到對方的正向回應；或發現伴侶既無能力調整，更無意願嘗試改變，分手就是可考慮的選項之一。若遇到瞎咖、爛桃花，或遭受關係中的暴力行為，分手也成為我們展現界線、保護自己的重要武器，斬斷讓人耗竭（Burn out）的負面關係。

反之，當我們遇到一位合適、心儀的對象，成功進入關係後感到頗為滿意，相處起來也覺得幸福愉悅，那麼保有眼前的這段愛情、避免兩人走向分手，就成為此刻的重要任務了。

請別擔心，這項任務並不是要你單打獨鬥，非單身的你擁有一位隊友可以相互輔助、分攤；更重要的是，這本書也將成為你的支援，協助你們的關係邁向快樂結局！

第2課

情侶之間的三種不安定因子

到底為什麼會分手?這並不是個容易回答的問題,尤其幾乎不可能從前任身上獲得答案。因為在重視「面子」的華人文化中,我們不斷地被教導「做人留一線,日後好相見」、和顏悅色、要有禮貌等,即使提分手也得盡量避免撕破臉。更何況,真相可能太過殘忍,對方的「客套」某程度來說也是種最後的溫柔。因此你常會聽到「個性不和」、「你人很好,但我們不適合」這種萬用理由。

對方不說沒關係,我們就從愛情相關的研究來找出端倪吧!

國內知名的《張老師月刊》在一九九八年曾進行「情人再見」分手原因調查,最主要理由是個性、生活方式與價值觀不同,其他還包含時空距離、失去了愛的感覺、對方讓我沒安全感、對方的愛讓我有壓迫感、家人親友反對、對方喜歡上別人、誤會、控制欲太強、發現對方與別人曖昧等。

進一步閱覽許多本土的分手研究（包含量化問卷與質性訪談）後，我將常見的分手原因劃分為三大類型：

分手原因一：個人因素

自身的個性、特質、條件、背景、價值觀或行為等，讓對方覺得「其實沒那麼適合」或「已經不再被吸引」。剛認識時，對方可能會因為月暈效應（Halo effect）的影響，將我們的優點過度放大，從部分線索認定「這是個很棒的對象」，加上互動氣氛催化而踏入關係。但隨著雙方有更多的互動，愈來愈了解彼此，我們的理性也隨之發揮作用，影響原先既有的「感覺」。

當然，增加熟悉感並非都會導向分手。逐漸接觸到海平面下方的冰山時，若發現是座比想像更大的寶山，自然會更加心動，不想輕易離開。反之，如果才開始挖掘就發現這山竟然空空如也、沒什麼料，很可能感到失望、熱情消退。另外，有時並非山裡沒有寶藏，而是這寶藏並非我們想要的類型，當然也可能選擇離去，另覓山頭。

那麼，若在入口拉起封鎖線，別讓伴侶入山尋寶，是個好主意嗎？或是讓水面凍結，使伴侶無法潛入去看底下的冰山，是否就能避免分手的風險？甚至更「聰明」的作法，只讓伴侶看見我們刻意展現出來、晶瑩斑斕的一面，不就可以穩穩地持續吸引對方嗎？

網路上某些「愛情經營技巧」的確會鼓勵這麼做。很可惜，這種策略對於長期關係的經營，有著嚴重的反效果，只會增加被分手的風險。因為這麼做，會製造出分手的第二種原因。

分手原因二：關係因素

國內的質性研究整理了受訪者提分手的原因，其中，「不良的相處品質」是重要的因素。[2]包含價值觀或想法差異過大、雙方付出失衡、表達感受卻得不到回應、無法

2　卓紋君（2000）。臺灣人愛情發展的歷程初探兼論兩性輔導之重點。諮商輔導文粹，5，1-29。
李蕙如（2023）。主動分手者關係失落敘事研究——以愛情為例。國立屏東大學教育心理與輔導學系碩士班碩士論文，屏東。

有效溝通、生活交集逐漸減少、不斷爭吵或誤會、在關係中不被信任、性與親密行為缺乏共識等。

以更宏觀的角度來看，導致分手的關係因素，即是指其中一方的需求未被滿足，後續得不到解決，甚至發生衝突，進而又擴大了這種不滿足感。這裡的「需求」，在當代主流的伴侶諮商學派「情緒取向治療」（Emotionally Focused Therapy，簡稱ＥＦＴ）中，就是「依戀需求」。

依戀需求包含：你願意更靠近我嗎？當我需要協助時，你能給我回應嗎？我能否也更靠近你，碰觸到你隱藏或脆弱的部分？你會向我發出支援訊號，讓我幫助你嗎？你是否認真投入這段關係，願意一起付出經營？

當這些需求未被滿足，關係的殺手——「不安全感」油然而生，引發衝突與爭吵、消磨感情，讓雙方的親密感逐漸流逝，熱情不斷冷卻。最終，我們發現已經「不愛了」、「受不了」、「不想再這樣下去」，選擇結束雙方的旅程。

那些鼓勵人們「永遠在伴侶面前當個強者」、「絕對不要在對方面前卸下盔甲」的文章或影片，恰好會讓伴侶的依戀需求得不到滿足，且長期缺乏安全感，最後將兩人的關係破壞殆盡。

分手原因三：環境因素

環境因素，也可說是「外力介入」，例如父母家長、長輩親友的反對，某方或雙方工作、生涯發展造成時空距離影響相處，又或者是不知哪來的小三老王橫刀奪愛等，屬於比較不可控、突發性，或隱含諸多無奈的因素。

不過或許因為時代變遷，在一份二十至三十九歲為主、約兩百人的分手抽樣調查研究中，外力介入中比例較高的是時空距離、第三者，至於八字不合、門不當戶不對、父母強烈反對、年紀相差太多等較為傳統的因素所占比例最低。[3] 整體來說，價值觀不同、個性不合、溝通不良、失去愛的感覺、對方令自己無安全感等，這些個人或關係因素才是主要分手原因。

情侶面對這三種不安定因子，要如何降低風險，避免走向分手呢？或者說，該用什麼方法及策略，讓心愛的人不想離開這段關係呢？

3 — 謝依惠（2012）。情感維護失敗歸因、分手主被動性與分手後情緒反應之關聯。玄奘大學應用心理學系碩士班碩士論文，新竹。

「不想分手」的因應策略

想避免安逸擺爛的暗中破壞，必須維持或提升個人魅力，讓伴侶在交往後仍然被吸引。即使相處時間拉長，也能讓伴侶持續感到心動，大幅降低移情別戀、精神或肉體出軌的機率。詳細的方法，將在第三到七課當中一一分析。簡言之，這是超前部署、阻止可能破壞關係的「個人因素」。

要讓感情穩定持久、熱度不減且愈來愈親密，絕不可能光靠崇拜和仰慕，也不能只依賴激情與性欲。「安全感」才是愛情走遠走穩的基石，第八到十六課會提及如何消弭最可能導致分手的「關係因素」，讓這段感情不會莫名其妙就「淡掉」。同時你也將學會如何看見、滿足彼此的依戀需求，運用自我揭露、同理技巧與建立儀式感，為關係不斷存入安全感。還也會解析某些網路文章的盲點，避免過時的性別刻板印象對關係產生負面影響。

在解決可能導致伴侶離開的「個人因素」與「關係因素」後，你與另一半對於「環境因素」的突發狀況、外力干擾，就會有基本的抵抗能力。第十七到二十二課將進一步分享，雙方發生衝突時，該如何化解逆轉？怎麼讓兩人的感情不被吵架破壞，反而更加緊密？你也能找出自己與伴侶在愛情中習慣扮演的角色——「抓人鬼」或「躲藏者」，並了解為什麼過去總是愈吵愈凶？最後透過練習，與另一半共同跳脫吵架的惡性循環。

第二十三到二十五課，則是結合我的實務工作經驗，針對情侶容易卡關的三種困擾進行解析，提供因應方法。包括情敵出現時，你需要知道厲害的第三者會用哪些招「侵門踏戶」，又該如何抵禦並反擊？雙方之間的性事不順時，了解對方為什麼不想「滾床」？最後是同居話題，思考我與伴侶該同居嗎？網路上說同居非常容易分手是真的嗎？同居前需要先考量哪些事情，才能讓感情更好？

一段穩定親密的愛情，是身為人類的我們，能獲取的最美好禮物之一。好不容易擁有一位合適伴侶，你絕不會想讓心愛的對方輕易消逝在生命中，也一定希望兩人的關係更甜蜜幸福。

如同我前兩本著作《一開口撩人又聊心》、《一出手脫單又脫魯》的風格，接下來的內容也同時從心態面與技術面切入，不只是讓心靈成長的好喝雞湯，也有滿滿實際可操作的方法技巧。那麼，就讓我們開始吧！

PART 2

美好關係，從持續吸引開始

交往後，魅力為什麼會下降？
其實這並不是一個必然現象，卻是個普遍現象……
該做什麼事情來保持魅力？
哪些東西與個人魅力有關呢？

第3課

在一起久了，爲何心動的感覺會逐漸消失？

從原本不認識的陌生人，歷經了接觸、約會、曖昧、告白等，突破重重關卡終於成功交往，實屬不易。照理說能走到這步，代表彼此的魅力足以吸引對方。但我常見到不少情侶交往一段時間後，因為「感覺淡了」、「已經沒感覺了」而分手。

交往前，雙方通過了彼此的篩選，越過引發心動的門檻而在一起，那為什麼交往之後卻無法持續「吸住」對方，只能眼睜睜看著對方用「感覺沒了」提分手？其中一個原因很簡單：既然當初對方是因為你的魅力而靠近，自然可能因為你的魅力減少而離去。

交往後，魅力為什麼會下降？其實這並不是一個必然現象，卻是個普遍現象。

童話故事裡，公主與王子歷經艱辛在一起後，結局總是那句「兩人從此過著幸福快樂的日子」。這句話容易轉化為一個信念，讓人誤以為「開始交往」等同於「從此穩了」：雙方會一直牽著手走下去，直到死亡將我們分開。當你握著對方的手，看著對方躺在身旁時，很可能心想：「反正都交往了，他不會輕易離開的。」

這種鬆懈心態，會讓我們愈來愈安逸，甚至進入「日復一日，過得去就好」的擺爛耍廢狀態，讓原本足以吸引對方的魅力開始下降，最終導致伴侶「沒感覺」，甚至另覓對象、被其他人吸走。

Edison 是幾年前找我諮詢過的男生，當時他與交往三年的女友分手，希望能盡快進入下一段感情，好療養上一段的傷口。我聽了他來諮詢的原意後，不急著給建議，而是先請他聊聊上一段關係發生什麼事。

「唉，她就說對我沒感覺了，」Edison 雙眼充滿著無奈，「我也不知道為什麼。」

「請你回想一下，交往後與交往前的你，有什麼不同之處嗎？」我問。

「嗯……好像和朋友的活動變少了吧，通常是和女友，不，前女友出去。」

「那現在的你和剛脫單時的你呢？有什麼變化嗎？」我繼續問。

「好像還好，工作一樣，收入差不多。啊，最大差別應該是……」Edison 有點不好意思地說：「應該是體重吧！」

接著，他用手機秀出三年前的照片，讓我得努力忍住驚呼的衝動，「哇，真的不太一樣呢！」我盡量說得客氣，因為照片裡的 Edison 算是中等身材，穿得簡單卻俐落有型。眼前的他則像膨脹了兩圈，而且穿著寬垮到有些隨便過頭的衣服。

「哈哈，」Edison 搔著後腦勺說：「瑪那熊，你也知道嘛，交往後約會常吃大餐，也懶得再跑健身房，不知不覺就胖了快三十公斤。其實過程中，她也有提醒我。但我覺得感情很穩定，常常就當耳邊風，到後來她也懶得管我了。

「我真的滿後悔，現在想想，當時她的提醒就是個警訊了。

「分手後，我最近又開始恢復運動習慣了，加上飲食控制，已經瘦了三公斤呢！」

「很棒啊，這是個很好的嘗試。」我說。接著，我們又多聊了面對分手如何調整，以及未來的脫單策略。半年後，我收到 Edison 傳來的照片，是與新女友在象山的合照。他的身型和照片背景的一〇一很像，厚實挺直。雖尚未回到多年前的樣貌，但已和諮詢時大不相同。我在為他感到高興的同時，也忍不住思考，若在上一段感情時能維持原本的運動習慣，或體態不要差距這麼大，以及重視自己的穿著，能否降低分手機率？

另一個故事，是女性友人 Amy 在某次聚會時，向大家分享過往一段愛情的感慨：「你們知道嗎？我在分手一個月後強迫自己整理交往時的照片，結果讓我瞬間醒悟。」

看著大夥兒狐疑的表情，Amy 緩緩地說：「我發現交往第一年，我們有超多合照。各種美食、展覽、旅行。日月潭還去了兩次！

「但……一年後照片愈來愈少，因為我們同居後，變得很少約會。

「我通常就在家滑手機、追劇，懶得一直往外跑。原本都是我拉著他出門的。」

Amy 原本是個很愛上山下海的戶外咖，前男友很喜歡她陽光活潑的這一面。但在交往一段時間後，她變得享受「兩人都賴在家裡耍廢」的安逸感，原本的休閒與特質都改變了，生活圈大幅縮減且愈來愈封閉。她認為，這是分手的其中一個原因。

「如果當時我沒有一直宅在家裡，或許不會分手吧？」Amy 最後幽幽地說著。

歷史沒有如果，我們永遠無法得知答案。但可以確信的是，許多人在交往的熱戀期過後會不自覺地鬆懈。隨著關係逐漸穩定，雙方感情加深，我們會以為每次約會理所當然，兩人的愛意應亙古不變。

很多人覺得《三國演義》中的最強軍師諸葛亮（許多電玩作品裡，他的智力值的確最高）神機妙算，但其實諸葛亮最厲害的兵法，是讓對手輕敵。當對方認為穩操勝算時，不免開始鬆懈，這就讓諸葛亮有了可趁之機，最終逆轉戰局、掌控戰場。

在情場上，我們也容易被眼前的安逸蒙蔽，認為「都交往這麼久了，未來也會一直穩定下去」。這是非常危險的想法，讓我們開始鬆懈，乃至怠惰。只要掉進這個陷阱，就如同電玩遊戲裡中毒或得到詛咒的角色，雖然生命值不受影響，可「魅力值」卻會不知不覺逐步下降。當魅力低於對方心動的門檻，伴侶自然容易感到索然無味。有些人勉強持續交往，但其實對關係不滿意；有些人則開始騎驢找馬、劈腿外遇，或乾脆選擇回復單身、寧缺勿濫。

因此，「讓對方持續喜歡」必須掌握的第一件事，就是避免耽溺於安逸之中。以為告白成功就一生幸福喜樂，是關係經營的大忌。我們該做的，除了保持正向心態、避免耍廢，還可以持續提升魅力、更加吸引對方。這不但是維繫關係的關鍵之一，也是防範老王、小三的根本之法。

那麼，該做什麼事情來保持魅力？哪些東西與個人魅力有關呢？

擔任心理師與關係教練十多年來，我整理出對維繫愛情熱度而言，影響力最大的元素：**個人界線**、**外在形象**、**上進心**、**生活經驗**。接著，我會逐一解析，告訴你如何在交往後持續提升這四大領域。

第4課 當工具人／小女人不好嗎？——適度拒絕的技巧

「瑪那熊，我明明對女友很好，她想要什麼東西也幾乎都是我買單，為什麼她劈腿？怎麼可以這樣對我？」

「老師，每次只要男友不開心，我都是先道歉的那位。有好幾次約好要見面，只要他一句：『今天有點累，不想出門。』我也體諒他，不吵不鬧。可是為什麼他還是一直和其他女生搞曖昧？」

「我真的不懂，都對她這麼好了，她還想怎樣？她要去哪裡，我都主動接送；她想要新手機，也是我送她，結果她卻瞞著我，和同事單獨出去？」

我聽過不少類似的抱怨與訴苦，這些在感情裡受傷的人們，除了憤怒、生氣，更多的是困惑、不甘心，甚至開始懷疑愛情。明明「自己這麼努力」、「對他這麼好」，為什麼伴侶卻恩將仇報、劈腿外遇，實在太無情了吧！

其實，「對伴侶好」必須非常謹慎拿捏力道。給太少，關係平淡如水；給過了頭更糟糕，變成一種「討好」與「跪舔」，這兩者正是瘋狂降低個人吸引力、讓對方「向外發展」的主因之一。

這個血淋淋的情場定律，不論交往前後，甚至結了婚都同樣適用。有些人對愛情非常缺乏安全感，總是怕對方跑掉，即使不會輕易鬆懈安逸，卻慣用犧牲奉獻、討好順從的方式來維繫關係，希冀藉此留住對方。但呼之即來，揮之即去，看起來卑躬屈膝、缺乏自信的人，在約會對象心中反而缺乏魅力。也就是說，總是當工具人、小女人或妻奴，反而難以勾起對方的激情與欲望。

什麼是界線？

一個有魅力的人，必然是「擁有界線」的人。

界線是指有自己的原則、習慣、價值觀、想法與行為規範。同時，界線還具有兩個特色：

清楚可見

我們的界線不能曖昧不明，一下可以，一下不行，這會讓對方無所適從。當然，並非要洋洋灑灑寫滿規則或訂個契約張貼在家裡。愛情與工作不同，還是要浪漫點，別貿然把職場那套拿到情場來用。當對方無心或刻意踩到我們的界線、挑戰我們的自主性時，我們需透過語言向對方表達自己的感受、想法。這意思是**「你希望、期待，或不想要、不喜歡的事情，就和對方說清楚」**。

伴侶要求你接送，但你已經連續加班好幾天，非常疲累，實在不想出門。那就讓對方知道你的狀態，表達不方便接送。而非硬著頭皮答應，結果心裡卻怪對方怎麼這麼不體諒。

伴侶聽同事說掃地機器人超好用，希望各出一半的錢，為住處添購一台，但你原本打算報名進修課程。這時，請讓對方知道你的金錢使用計畫，例如為什麼想上這門課、進修對你的幫助是什麼。而非勉強自己購買（甚至打腫臉充胖子，全額付清），然後耽誤了自己的學習規劃。

你辛苦工作幾年，在職場小有斬獲，打算領到獎金後購入喜歡已久的機械錶／名牌包，當作犒賞自己完成一個里程碑的禮物。但伴侶聽到價格後不能接受，質疑為什麼要這麼貴。你該做的是說明自己購買的理由，分享這個禮物對你的意義，而非表達「好吧，那我不買了」，然後每天向朋友哀嘆抱怨，甚至上網公審對方。

保有彈性

「擁有界線，維持框架」很容易讓人誤會成「我想怎樣，就得怎樣，你要不順從，要不離開」。前幾年，台灣的「愛情教育圈」（又稱「把妹圈」）常鼓勵男人要不斷提升自己，不能跪舔討好；這兩個核心觀念其實很正面，我也非常認同，但同時我亦觀察到有些人矯枉過正，走得太極端，發展成一種「強者至上」的言論。例如「只要為對方改變，就是失去框架」、「只要妥協，就失去魅力」，接著「對方就會鄙視我，然後去找其他人」。這種過度「腦補」的想法，不但無法維繫關係，還會讓關係動盪倒退。因為這不僅使人容易陷入非黑即白的極端思維，不知變通的行事風格更讓人顯得缺乏魅力、不夠成熟。

愛情關係是由兩位來自不同家庭背景、成長經歷、工作領域，且擁有各自個性、專長、價值觀、生活習慣的人，因為相互吸引而決定「組隊」。即使有部分背景或特質相似，但也不可能一模一樣。

「強者至上論」的最大盲點，在於將「協調」、「體諒」、「互相支援」等愛情關係中無可避免的行為，誇大成「無條件配合」、「跪舔」、「失去框架」。然而，當我們進入一段關係（不論一般人際或愛情），勢必會有衝突、摩擦出現，因為各自原本的界線與習慣，會隨著時間拉長而浮上台面。關係經營不該是「你要聽我的，不然就慢走不送」，老實說這也談不上經營，「不合就秒換下一個」的策略，在我看來反而是一種逃避行為。更重要的是，「協調」與「認輸」兩者之間絕非等號，我們該做的是表達自己的意願、期待、原則與想法，並帶著好奇詢問，鼓勵伴侶分享。例如：

「你希望我去載你，是有什麼特別的原因嗎？」

「你想要現在買掃地機器人，是有什麼考量嗎？」

「聽起來，是這支錶／這個包的價格讓你很驚訝。你原本對手錶／包包能接受的價位是多少呢？」

在雙方的界線都清楚攤開後，再去找到彼此都能接受的折衷方案，討論出共識。過程中很可能會出現「兩人各退一步」的狀況，這是再正常不過的事情。例如：

女友希望你去載她，是因為今天聚會穿了高跟鞋，走到腿很痠痛、不舒服。但因為你實在太累，所以最後共識是你幫她叫了可追蹤的計程車，並到巷口接她。洗完澡後，你還幫她按摩了小腿，她則幫你按摩了肩頸。

伴侶想要買掃地機器人，一方面是聽同事推薦而心動，另方面是想搭上電商的特價活動。但因為你也有課程要付費，所以最後共識是這台由對方買單，但下個月的約會餐費由你來出。

另一半反對買機械錶或名牌包，因為在他的認知中，手錶或包包應該就是幾千元搞定的東西，要花上一、兩個月的薪水簡直不可思議。於是你除了說明這禮物的意義，還介紹了該品牌的特色、設計師的理念，最後共識是不但可以買，另一半還提供了一些贊助當作祝賀，但這陣子其他娛樂開銷要相應地減少。

雙方的界線相互碰撞、抵觸時，並非堅持「我主導，你順從」的絕對上下關係，而是「我們各自退一點」，或是「這次對方退，下次換我退」的模式。這就是一種界線的彈性。個人框架是可細微調整的，而且有分輕重緩急。你可以設定底線，而非任何事情一開始就堅持己見、要對方配合，這可不叫有自信，而是一種自我中心。

設定底線關鍵句

那麼，在關係中如何維持自己的框架，卻又不會成為自大狂或控制狂呢？除了清楚表達自己的看法與底線外，還可以養成兩個習慣：

別急著說「沒問題」

「我八點下班，可以來載我嗎？」

「好喔。」

「我想買台掃地機器人放租屋處，可以嗎？」

「沒問題。」
「我不希望你買錶／買包。」
「OK，那我不買了。」

當伴侶提出某樣要求，很多人因為怕惹對方生氣，或想要討好對方，所以很快便一口答應。但心裡可能根本不願意，或甚至還沒想過自己能否接受、是否方便，就先自動化地表達認同。

下次聽到對方的要求時，務必忍住「趕快答應，以免節外生枝」的衝動，請先思考、評估自己的狀態與意願，再給出答覆。例如可以表達「我先想一下」、「稍等我一下」、「我看一下時間」，畢竟這可不是什麼搶答遊戲，回得快就贏。而且別忘了，若對伴侶的要求有所疑慮，或覺得被踩到自身界線，可以先透過提問，弄清楚對方的想法，接著表達自己的觀點，讓雙方進入協調階段。

別急著說「沒關係」

有時伴侶的要求，會讓我們覺得「雖然稍微造成我的不便，但也沒到無法接受」，也就是「界線被碰觸，但不到被挑戰」的程度。有些人很可能會在思考後，直接選擇答應，而不進入協調。這種情況下，伴侶也可能會表達歉意或謝意，例如：

「不好意思，還讓你來載我。」

「謝謝你把時間排開，來和我的家人吃飯。」

「抱歉，因為先買了家裡用的東西，害你要下個月才能買自己的東西。」

如果我們發自內心覺得「這真的沒什麼」，即對方的要求原本就沒影響到自己，或根本沒碰觸到什麼界線，那當然可以說「不用在意」、「沒事沒事」。

但我也見過一些人很習慣在伴侶表達歉意、謝意時，自動化地回覆「沒關係」。這往往源自討好心態，想展現順從來維繫這段感情，所以習慣把「沒關係」掛在嘴邊。但容我再次提醒，這通常會產生反效果！不假思索地說出「沒關係」，會讓你的幫忙、妥協顯得非常沒有價值，破壞了框架而降低魅力。

還有些把「沒關係」當口頭禪的人，則是想營造出「我很大器」、「我很大方」的形象，即使心裡不是滋味，也要做出無所謂的樣子。尤其有些網路鄉民高聲疾呼「男人就是要Man」、「男人就要霸氣」，或是「要當個包容對方的好女人」的毒雞湯，讓一些情侶誤以為「什麼都我來扛」、「絕不能抱怨」才能讓關係長久。但若在互動當中被對方觀察到「嘴上說好，心裡不爽」的細微線索，或被看見心口不一的模樣時，將被貼上「不一致」的標籤。這會大幅降低我們在對方心中的價值與魅力，破壞對伴侶的吸引力。

下次當伴侶為我們的付出、讓步說出感謝或表達抱歉時，請別急著說「沒關係」！

若你發自內心覺得沒影響，當然可以明確告訴對方，但記得說明原因。例如：

「沒關係啊，因為我也趁機出來走走。」

「不用在意，我覺得認識一下你的家人，對我們的關係很好啊。」

「沒事，我沒有一定要現在買，下個月搞不好還有折扣呢！」

如果覺得對方的要求真的有影響到自己，但評估後還是決定配合，那面對對方的感謝或抱歉，可以說明我們被影響的是什麼，以及為何仍然決定接受。例如：

「我的確是有點累，但覺得去載你可以見個面，也滿開心。」

「時間是真的有點緊繃，但我覺得與你家人認識一下也很重要。」

「這個月沒入手，是有點可惜，但我覺得先買家裡用的也很好。」

如果對方的要求實在踩了你的界線，讓你無法輕易說出「沒關係」怎麼辦？回到這一課的主軸：**表達界線，保持彈性**。帶領對方進入「協調階段」，評估自己可以退讓多少、底線在哪，試著找出彼此間的共識。

記住，別急著說「沒問題」、「沒關係」，這只會顯得自己是個沒有界線與主見的人，適時展現它們，會讓人更有魅力哦！

第5課
外表不重要……真的嗎？——吸睛又吸引的形象策略

「外在形象」（或稱「外表」）是擄獲對方好感的重要條件之一，而且男女皆如此。這是因為初次與對方見面，或是在交友軟體上滑到對方的照片時，我們的大腦會受到月暈效應影響，快速地以當下觀察到的部分線索進行推論，猜測對方是怎樣的人，並形成過度放大的初始印象。換句話說，當我們觀察到對方有某個優點，會給予高於實際表現的正向評價，反之亦然。

在大眾的刻板印象中，通常覺得女生在找對象時，較重視男性的社會地位、經濟實力，而非外在形象。但美國心理學教授瑪德蓮（Madeleine Fugère）的研究發現，在長期愛情關係中，女性也很重視男生的外表。[4]

瑪德蓮教授的另一個研究更有趣：發給女同學和她們的母親（也就是丈母娘）三

張男生照片，除了展現出男生的外貌，也標注特質個性。結果發現，這些女生挑男友或媽媽選女婿，都傾向用外型作為第一關的篩選，接著才從自己欣賞的個性內涵中選出優勝者。[5]這位教授認為，或許「外表先決」這個習慣，來自於我們將「好外表」與「好內涵」連結起來。其實這也呼應了月暈效應：人類就是愛腦補。

至於男生是否也會「以貌取人」，用外表作為擇偶的其中一個條件呢？正在閱讀本書的你，應該心裡早有了答案。國內外的相關研究也認證男人同樣重視，甚至比女生更看重對方的外表。總而言之，不論男女幾乎都屬於「外貌協會」的一員，只看你是會長級、副會長級、資深會員還是一般會員罷了。

在尋覓對象的單身階段，外在形象與個人魅力就與能否成功脫單息息相關。那交往後呢？如果想要一段幸福穩定的長期愛情，希望對方不會離開，外表仍否重要？

一份台灣的碩士論文以平均年齡約三十歲、正在交往或已婚者為研究對象，結果在「理想伴侶條件」量表中，「外表吸引力」與「外在資源」（如家世背景好、社會地

4 Fugère, M. A. (2011). *Perceptions of physical attractiveness among college students: Selecting a long-term romantic partner*. Journal of Social Psychology, 151(1), 45-52.

5 Fugère, M. A., Cousins, A. J., & Maner, J. K. (2008). *The importance of physical attractiveness to the mate choices of women and their mothers*. Evolutionary Psychology, 6(1), 134-146.

位高、會賺錢等）的分數差距不大。[6]也就是對已經進入愛情關係的人來說，並非「只靠財富與地位」就能留住對方，外表仍占有一席之地。

換句話說，外在形象是我們魅力來源之一，而能持續吸引伴侶的方式，自然是多多益善，別輕易放掉。但我見過不少人在脫離單身或熱戀期過後，便愈來愈忽略外在形象的重要性，不知不覺間讓自己的魅力下降。當我們進入關係後，有哪些細節可以留意，並將其轉化成吸引力呢？

衛生與健康是基本功

當雙方互動增加，有些原本不在意的壞習慣將會愈來愈容易曝光，尤其如果與伴侶同居，這時「衛生習慣」便可能對關係造成致命傷害。可別小看這個細節，假設伴侶看到穿過的衣服堆成小山、泛油黏膩的皮膚、不時露出的鼻毛、藏汙納垢的指甲，即使沒有潔癖，也很容易感到不舒服，甚至覺得噁心。這種「勾不起欲望」的情境將讓原本的熱情冷卻，浪漫的戀愛泡泡隨之破滅。更別說到對方家裡「Netflix & Chill」，準備纏綿悱惻滾床時，口腔的臭味、身體或私密處的異味，也會讓熊熊欲火瞬間熄火。

這些衛生細節，往往與健康有關，例如飲食習慣、作息時間、有無運動等，可能影響到膚況、體味。此外，身型變化也是不少情侶會擔心的事情，但並不需要逼迫自己的身材十年如一日不變。交往後的「幸福胖」不是什麼罪大惡極的事，可依照個人體質、初始狀態設定底線（像是衣服尺碼差一號、腰圍多兩吋等）。當變化接近底線時，就要多提醒自己了。

更須記得，我們未必要練出六塊肌或馬甲線，但透過運動維持身體基本機能，絕對利大於弊。想要維持關係吸引力，「健康」比「健身」更有效果，當然也可以兩者全都要。但別幻想只要有肌肉或曲線，對方就必定離不開你，愛情可沒這麼簡單。

一輩子不能只帥／美一天

網路上有句玩笑話是這麼說的：「男人一生外表的顛峰，是在婚禮的時候。」準新郎會刻意提前一個月減肥，前一晚被伴侶半強迫敷上面膜，當天穿上合身的紳士裝與

6　對這份研究有興趣，可參考國立交通大學教育研究所，沈怡廷碩士所撰寫的《伴侶條件差距、愛情關係品質與主觀幸福感之關聯性研究》。

皮鞋，整個人彷彿脫胎換骨。然後……沒有然後，顛峰就只有短短一天。

不少情侶在交往或結婚後，會愈來愈不重視外表。原本約會還會特別抓個頭髮、化上美美的妝，現在睡醒就出門；以前有「約會戰袍」，現在 T-Shirt 搭短褲，好一點的還選件乾淨的衣服，更懶的就是同一件居家服解決。

請將「約會」當成一件重要的事情，為其準備好一套合適的服飾吧！例如：

室內約會

男生可用襯衫打底，不想太拘謹就把上方三顆鈕子解開，露出內裡的 T-Shirt（不是內衣哦）。怕熱就捲起袖子，或是選擇更輕鬆的短袖襯衫。以合身不緊身為原則，太鬆垮的衣服容易顯得邋遢沒精神，務必小心。

下半身不用嚴肅到穿西裝褲，畢竟是要去約會，而非面試，不妨來件原色牛仔褲，或是材質較挺的休閒褲，坐著才不會又憋又緊。注意，運動穿的球褲、吸溼排汗的衣服、慢跑用的機能鞋，這不是它們該出現的場合。

女生的選擇顯然更多，一件式休閒洋裝、針織衫、雪紡上衣、長短裙子、俐落的寬褲等，都可以搭出適合約會的造型。如果是為了慶祝生日、紀念日而去較高檔的餐廳、展覽或音樂會，還可挑選更優雅的洋裝款式或小禮服（順帶一提，男生在此場合也可以選擇正裝，或至少把襯衫紮進褲子裡）。在這個情境下，雙方不妨嘗試更加正式成熟的風格。

戶外約會

Polo 衫是男生們的好朋友，比襯衫更輕鬆好活動，又不像 T-Shirt 容易隨興過頭。但千萬別穿強調排汗速乾、摸起來光滑輕薄的材質，除非這場約會是真的要去運動或爬山。女生除了服裝，還有頭髮造型與妝容可千變萬化。習慣中長髮的你偶爾綁起馬尾，伴侶看到時，多半會覺得新鮮，甚至心動。

說穿了，穿著的第一個技巧就是依照場合與目的，選擇符合的衣服。既然約會是情侶間重要的活動，就得在服裝多用點心，展現出你對伴侶、對關係，以及對自己的重視。

在家也要顧形象

隨著交往時間拉長，情侶可能會同居、結婚，與對方一起生活。同住一個屋簷下，乍看可以常晒恩愛、膩在一塊兒，但這也是隱藏的陷阱。一方面是各自的生活習慣、價值觀可能帶來更多摩擦，二來可能因為同住而逐漸鬆懈，將自己「最真的那面」毫無保留地展現在對方面前。

這不是要男生在家還穿得西裝筆挺，隨時上髮蠟，女生也不需要穿著洋裝在沙發追劇。當我們從高壓的職場環境回到有著伴侶的住所，自然會想卸下盔甲，讓自己輕鬆一些。在穿著上可以換成家居服，通常它們是軟布料的T-shirt、褲子，且較為寬鬆，讓人能夠好好休息。兩人也可以一起購買成套的睡衣組，當成情侶裝。

但請留意，放鬆自己可不是放飛自我。在伴侶面前，還是要保有最基本的外在形象，別整天穿著「吊嘎」、泛黃內衣、破洞的四角褲在對方面前晃來晃去，也別大剌剌地剔牙、挖鼻孔讓對方看見。這類「不修邊幅」、「隨便過頭」的行為，都會降低個人魅力，讓伴侶不知不覺間愈來愈沒有激情和欲望。請務必謹慎！

此外，除了替換太舊，或已有難以洗掉異味的衣服，買幾件精緻、有質感的內衣褲當成「戰鬥服」，也是個能維持關係激情、引發對方欲望的方法。舒適親密與浪漫激情看似光譜的兩端，但我們仍可試著取得平衡，為關係帶來更多驚喜。

平價品牌是打理穿搭的好朋友

「單身時存錢容易，速度又快」，這句話想必讓不少人點頭如搗蒜吧？踏入關係之後，日常約會、過節送禮、同居租屋、出遊旅行、電影展覽等都要花到錢。更別說若想存結婚本，或婚後得一起負擔支付房貸、車貸，準備未來養育孩子的費用，自然得精打細算一番。

我們本來就會依照人生的各個階段、環境與需求，將資源投放在更合適、更符合當下狀況的地方。外在形象對於持續吸引伴侶有著重要的作用，因此過去可能花不少錢買衣服。但交往或婚後要花錢的項目增加了，壓縮到原本的治裝費用，怎麼辦呢？

不用擔心，要經營好自己的外在形象，我們未必一定得花大錢。以清潔與保養品來說，可選擇開架、專櫃品牌交替使用，不至於對生活有太多負擔，卻能讓皮膚較不會油膩暗沉，看起來氣色更好，值得！

接著，是占整個人視覺主要面積的衣服、褲子、鞋子。目前台灣有非常多本土及國外的平價品牌可以購買，且各有特色。有的質料普通，但富有設計巧思，讓人花小錢就能穿出流行感；有的走簡約風但布料舒適，質感較為精緻。不妨依照自己的需求與喜好來添購。

穿插中高價服飾為你助攻

如果願意將預算提高，可以混搭一些中高價位的衣服，這類服飾的設計、細節、剪裁、質感通常都比平價品牌更好，對於提升外在形象很有幫助。更何況一件好的衣服只要洗滌、照顧得宜，可以穿非常久。說句玩笑話，買了價格較高的服裝，也會比較留意身材。畢竟若因為變胖太多而穿不下，可是會覺得心痛的。

雖說是買中高價位，但可別看到這裡就衝去百貨公司；賺錢不容易，即使偶爾要敗家也得仔細打算。不妨多留意各家百貨或品牌的折扣訊息，尤其趁換季入手省更多。此外，逛逛過季暢貨中心（Outlet）也是個好選擇，不但可當成約會，還有機會撿便宜。

服裝是現代人的第二層皮膚，「穿得好看」對於外在形象有非常大的幫助，能讓伴侶每次碰面、約會都覺得賞心悅目。不論男女，我們內心都有一個隱形的門檻，用來評估對方是「順眼好看」或「邋遢隨便」。而如何用划算價格挑選到適合自己的衣著，更是一門大學問。平時不妨多逛多看，提升個人的美感與品味。如果想進一步學習穿搭技巧，或擔心買錯東西，也能夠透過「穿搭諮詢」[7]來解決。

偶爾奢侈一下是好事

咦？才說要精打細算，怎麼突然又說要奢侈呢？

這兩者是不衝突的，平常精打細算，才有本錢偶爾奢侈一下。這裡的「奢侈」，是指你可以趁某些時機，買個價格稍高但有質感的「配件」犒賞自己。

好的配件對於提升外在形象亦具正向幫助。對方因為你使用有質感的配件，對你整個人產生正面的印象。如果這配件是伴侶所贈送，那約會時看到你頻繁使用，往往也會增加彼此間的親密感。

什麼時機，值得我們花筆預算犒賞自己呢？

逢五、逢十的生日（例如二十五、三十、三十五歲），或工作解鎖成就（完成某件案子、升遷、成功轉換跑道、拿到獎金等）都是很好的時間點。這種送自己禮物的舉動，在心理學叫「正向增強」，有助於我們維持某個行為，例如認真工作、努力過更好的生活。不但能讓自己更有上進心，又能提升外在形象，根本一石二鳥！

當然，犒賞自己的禮物可以依照你的興趣喜好、休閒娛樂購買，也許是張高階顯

7 對穿搭諮詢課程有興趣，可參考我網站（https://manabear.tw/）的「穿搭改造」服務。

示卡、最新的旗艦手機、「高音甜、中音準」的無線耳機。但偶爾將目光移至與外在形象有關的配件也不錯，尤其是可以當作「送給伴侶」或「兩人一起去挑選」的禮物，甚至選擇「一人一個」、「成對款式」的配件。

有什麼特別適合情侶的配件嗎？我最推薦的是這三寶：

皮夾

雖然行動支付日漸普及又方便，但我們仍無法完全捨棄皮夾。「從口袋掏出錢」與「從皮夾拿出整整齊齊的鈔票」在視覺上就有著巨大的差異。雖說鈔票充滿皺褶未必會讓你的愛情遇上挫折，但拿出有質感的皮夾付錢，不論是用現金或信用卡，都顯得優雅許多。這同時也代表我們對於金錢的尊重，對「付錢」此一行為的重視。

手錶

可能有人覺得「用手機看時間就好」，然而手錶除了是看時間的「工具」，更是重要的「配件」，讓手腕不那麼單調。

建議約會時手機不要放桌上，這會對互動品質造成負面影響，運用手錶了解當下時間，規劃接下來行程，會是更好的作法。而且不妨想像，翻轉手腕看錶，或從口袋、包包、桌上拿起手機來看時間，何者更顯得紳士呢？好手錶，不戴嗎？

圍巾

圍巾是最容易被忽略的配件。「帶出門很麻煩」、「暖冬不冷」、「會冷，穿羽絨外套就好啦」聽起來似乎都有道理，但圍巾是「洋蔥式穿搭」的要角，避免身型顯得太厚重。尤其「清晨出門有涼意，中午變熱，晚上又轉冷」的春秋與初冬，與其穿不便活動又臃腫的厚外套，不妨改用輕薄外套或針織毛衣搭配圍巾來禦寒，甚至還能運用圍巾的色彩讓穿著增添變化，避免太過單調。

約會時，放條圍巾在包包裡，如果氣溫驟降、室內冷氣太強，或對方不小心穿太少時，自然地拿出一條圍巾直接幫對方圍上，這不就是韓劇帥氣「歐爸」，或日系溫柔女主角的行為嗎？同時營造親密貼心和激情浪漫兩種元素，多好！

這三種配件，除了很適合當成特殊節日的禮物，也能購買成對系列，互送彼此，還可以設計成約會行程，邀請伴侶陪你挑選，協助出主意。當然，不論買什麼東西，「量力而為」都是基本策略，請依照個人預算選購，可別因為買名牌而餐餐吃泡麵，這就本末倒置了！

第6課

有錢就有好關係？——從潛力股晉升績優股的人生規劃

上一課提到了外在形象，也許你會想著，那內在呢？對方是否看見了我的價值、優點？或是網路鄉民最常說的……上進心？

說到「上進心」，很多人會聯想到「賺更多的錢」、「換更好的工作」、「爬到管理階層」、「擁有更高的社會地位」、「買房或買車」、「被動收入」、「財富自由」等。這些是不是上進心呢？的確是，然而能維繫魅力、持續吸引伴侶的上進心，可不是這麼簡單而已。

在我接觸的單身者、非單身者中，有一些人（尤其男性）會有「想盡辦法累積金錢，以提供伴侶更好的物質享受」的觀念。於是，他們很自然地將上進心與「錢、地位與資產」劃上等號。然而，這其實有兩個盲點：

盲點一：以為單靠物質能維持吸引力

這往往來自某些長輩或網路鄉民的洗腦，灌輸「有錢就有妹」、「有房就有老婆」的想法。然而，在男女就業率差距不大的現代，雖然仍有收入差異，但這些物質的吸引效果已逐漸下降。當然，多元的社會上，蹭飯仔、拜金公主，或是表明「阿姨我不想努力了」求包養的男生仍會因物質而依附對方。只是這種擺明「只喜歡對方的錢」的對象，應該也不是你我想要留住的吧。

這絕不是說物質、財力不重要，上進心的確與這些容易量化的條件有關。但我想提醒的是，要讓伴侶感到「我的另一半還真有上進心啊」，還有很多方法可以使用。詳細介紹這些方法前，我們先釐清另一個盲點。

盲點二：將自我價值建立在物質供給上

只用物質來留住伴侶，容易淪為工具人、爛好人、供養者、舔狗。網路上對這種「缺乏界線，一味討好付出、犧牲奉獻」的人，還真有不少名詞來稱呼他們。

單純提供物質的供養者（我比較喜歡用這個詞）即使賺愈來愈多錢上繳給伴侶，

並不會產生具有吸引力的「上進心」。如第四課所述，彈性的界線與原則能帶來魅力；無節制的付出、供養，反而降低在對方心中的價值。更糟糕的是，伴侶心中的焦點將轉移到你所貢獻的「錢」。

金錢、財力這些物質層面的東西，是「上進心」的組成元素，但也只是一部分而已。過於倚賴它們，不僅會忽略其他面向，還可能產生負面效果。

產生「上進心」的根源：生涯藍圖

比起用金錢物質來判斷一個人是否有上進心，更多人看的其實是「我的伴侶有沒有思考、規劃未來」，換句話說，就是「他知不知道自己要做什麼，想往哪裡去」。

「生涯規劃」在過去很容易被我們忽略，畢竟台灣升學主義盛行，我們在青少年時期往往被教導要「認真念書，考上好的學校」，國中就拚前三志願，高中則拚頂尖大學。某次週末在餐廳吃飯，聽到隔壁桌的家族聚餐正在聊天，有位國三女生提到平日下課後得補習至近十點才能回家，在親戚驚呼的同時，她又補了句：「我等會兒就要再去補習班報到了。」

「考上好學校，其他不重要」的風氣，導致許多人即使進了大學、研究所，甚至出社會工作，仍然很少去思考「人生要怎麼過」。我們開始過著日復一日的生活，週間爆肝，累得像條狗；假日躺平，只想睡個飽。

辛苦工作換來的，是我們賺到足夠應付日常開銷的收入，也能讓生活有著一定的水準，或許你還格外努力，想存到房子頭期款，希望有遮風避雨的兩人空間。這種簡單平凡的模式並沒有不好，然而少了點獨特性，就代表有較高的可取代性。所以，我們不該安逸於這種兩點一線的生活，最核心也最重要的一步，就是去做一件遲來許久的功課：**思考自己的人生規劃**。

找尋人生的目標有很多種方法，我常用這四個問題幫助個案：

- 我自己（或和伴侶）想過怎樣的生活？
- 我希望的工作模式或內容是什麼？
- 我想接觸的人事物或想增加的經驗？
- 我想成為怎麼樣的人？

乍看之下，是不是有點讓人迷惘，覺得很難回答呢？

這是非常正常的反應，一點兒都不需著急！

過去帶領過大學生、上班族的生涯工作坊，我發現當很多人在準備繪製自己的人生藍圖時，會陷入「沒有方向」、「不知從何開始」的窘境，這是因為「未來」這個詞實在太模糊了。我們要拆分成更精細的階段，來讓規劃更有可能實行。也就是說，這四個問題應該要加上「時間」這個元素。

請先預留給自己至少一個小時，並確保這段時間不會被干擾。接著，找一個安靜舒適的場所，或許是房間、書桌，也可以去一間喜歡的咖啡廳、早午餐店，準備一杯好喝的熱茶或咖啡，用自在的姿勢緩慢思考「未來」：一年、三年、十年、退休後。如下一頁的表格，當然可以把時間劃分得更細，別少於四個階段即可，但也別都以十年為單位，這間隔太久啦！

完成這張表格後，對於「未來」要做些什麼、該準備什麼，會有更清楚的理解。接著，就是將這些規劃轉為實際的行動，並且與伴侶分享。一個有目標且努力邁開步伐的人，往往有著炯炯有神的目光，並更積極、熱情、主動面對當下的生活與工作。

所謂的「上進心」，並不一定要是創業、賺大錢。喜歡平穩安定過日子的你，選擇了樸實平凡的工作，仍可以在這樣的工作模式中設定目標，也許是升職加薪，或是培養其他專長、興趣，甚至是「經營自己想要的生活型態」，都是很棒的。

「上進心」不該只有單一樣貌。曾聽聞有把妹教練及信徒認為公務員或國營企業員工較為順從、保守、單調而缺乏魅力，擅自為其貼上「安逸」、「不求進步」的刻板標籤。但我認為並非「領固定薪水的人」就等於躺平、擺爛。不論上班族、業務員、自

生涯探索練習表

	我自己（或和伴侶）想過怎樣的生活？	我希望的工作模式或內容是什麼？	我想接觸的人事物或想增加的經驗？	我想成為怎麼樣的人？
一年後				
三年後				
十年後				
二十年或退休後				

由工作者、工程師或是公務員，只要規劃生涯、設定目標，就是一種「上進心」的展現，也能持續創造足以吸引伴侶的魅力。

我的生涯探索又是如何呢？下一頁是我填寫的範例，與你分享！

瑪那熊的生涯探索練習

	我自己（或和伴侶）想過怎樣的生活？	我希望的工作模式或內容是什麼？	我想接觸的人事物或想增加的經驗？	我想成為怎麼樣的人？
一年後	享受兩人世界，完成婚後生活習慣、價值觀的磨合，溝通更順利。	離開學校，進入一般私人企業，服務對象比重從學生逐漸轉為社會人士，且新工作需結合我在愛情心理、關係經營的專長。	規劃日本自助旅行並實行。	講師：透過講座分享知識與經驗，幫助學員解決人際與愛情困擾。
三年後	有更充裕時間與家人相處、每個月全家到外縣市旅遊至少一次。	更熟悉婚戀產業，持續累積個人品牌的聲量，透過多元方式協助單身者脫單，幫助伴侶夫妻維繫關係。	去歐洲旅遊，拓展自己的眼界。	作家：運用精鍊且整理過的文字，幫助讀者有效吸收知識與經驗。
十年後	有更多的時間帶伴侶或孩子出門，每年至少出國一次，三人一起看看這世界的精彩與有趣。	擁有個人公司，結合聯誼與教學資源，與合作夥伴一起帶領員工辦理各種活動，希望在改善少子化這塊盡點心力。	在國外 long stay 至少一個月，體驗當地生活、增加人生經歷。	多元創作者：累積三本書和兩套線上課程。
二十年或退休後	適應空巢期，重新回到兩人世界，每週至少約會一次，讓關係的熱情持續。	主要工作可交由信任的員工進行，自己到各地帶公益講座，持續幫助單身者、伴侶都能擁有幸福的愛情。	累積去十個國家深入旅遊，體驗各種美食與文化。	有更多的時間享受生活，不為錢煩惱。

第7課

情侶也怕冷場尷尬？——你需要的必殺聊天話題

上進心能增加魅力，但如果每天忙得只剩錢與工作，對關係維繫可不是件好事，還可能讓對方只為了物質與資源，而留在這段感情中。無奈的是，這種狀況不算少見，尤其台灣社會過去「男主外，女主內」、「男人就該負責所有開銷」、「男人有房有車是基本」等觀念根深蒂固。雖然這些傳統性別框架在現代逐漸弱化，愈來愈多人傾向更多元的分工形式，然而一時半刻尚無法完全「排毒」。

有些男人吞下這種觀念，甚至成為信徒大肆宣揚。某次講座，有學員發問：「瑪那熊，為什麼現在女生眼光這麼高啊？我們男生沒房沒車，這輩子是不是根本無法脫單或結婚了？」我想了三秒鐘後說：「其實我覺得，要求男人有房有車才能結婚的男生，比女生還多耶。」台下學員哄堂大笑，但我可是很認真回答的。

就我觀察、接觸過的情侶，的確不少人將大量時間、精力投注在工作：未婚的人想著要趕快存到頭期款買房，已婚的人則夾在貸款、家用等各種開銷間努力掙扎。有孩子的人更不用說了，育兒本來就是個超大錢坑。辛苦養家活口求生存、十幾個鐘頭的高工時、休假也得「on call」的緊繃情緒，讓人們容易忽略「經營生活」這件事。

花時間經營生活是必要的嗎？又或者，讓生活過得精彩豐富，對愛情有幫助嗎？

優勢一：有聊不完的話題

交往後要不要持續與伴侶聊天？當然要！沒有互動的關係，會逐漸失去溫度，走向冷卻。那能聊什麼？我們可以從網路社群、報章雜誌、網頁平台找到熱門時事，但這僅能算是前菜或甜點，要持續引發別人對我們的好感及興趣，職場或生活中親身經歷的故事，才是主菜。

你可能會感到困惑：「我們相處這麼久，對彼此的過往經歷、大小事也摸透七、八成了，真的還有東西能聊嗎？」事實上，「因為相處太久而無話可聊」是個假議題，因為影響話題多寡的，不是認識多久，也並非彼此講過多少話，而是我們的生活是否持續產出新話題。

換句話說，如果發現交往後沒東西可聊，主因通常是生活模式出了狀況：過於單調、封閉而無法增加新話題。聽過「現金流」這個詞嗎？這是指每個月必須有薪資或被動收入「流進」自己的戶頭，以應付各種開銷支出。若要維持愛情關係的品質，我們還要有進階的「故事流」來加溫感情。不斷創造新的生活經驗和有趣經歷，並轉化成話題，用以和伴侶互動分享，維繫關係熱度。

要避免缺乏話題，最基本的策略就是經營生活，打破原本封閉單調的模式。你可能會想問：「真的這麼簡單嗎？可是，我平常忙得要命，根本不想要下班後再多跑去什麼地方啊！」

別擔心，其實人類原本就內建了擴展生活的機制。你需要做的，只是扳動開關，讓它開始運作。

優勢二：拓展對方的世界

研究愛情的心理學家亞瑟·亞倫（Arthur Aron）認為，人們有「自我擴展」傾向，樂於透過與人互動，從對方身上學習到更多知識、激發不同想法、增長個人見聞與眼界。也就是說，當我們對這個世界抱持著好奇心，就會想要接觸更多的人事物，增加人生經歷的深度與廣度，甚至鑽研新的知識與技能。這是人類的一種神奇傾向，比起日復一日、固定封閉的生活型態，我們會有意無意地向外探索、擴展生活，期待獲得新鮮感。

那麼，這個「自我擴展」對愛情關係的經營有什麼幫助？

幫助可大啦！自我擴展讓我們擁有更廣泛的生活經驗，自然帶來聊天話題。也別忘了我們身邊的伴侶也具有「自我擴展」特性，依照亞倫教授的研究，人們會希望透過伴侶來協助自我擴展。[8] 換言之，當我們的人生經驗、生活型態，或擁有的資源愈多，並能提供伴侶更多自我擴展機會時，產生的吸引力就可能愈高。

從另一個角度來看，若生活豐富有趣，也比較能為關係注入「新鮮感」，避免雙方交往或結婚久了，相處愈來愈無聊。因此，如果擁有對方沒有的經驗與嗜好，不妨分享精彩有趣的故事，引發對方好奇，讓他想參與你的世界，並藉此得到自我擴展。這是種雙向且正面的互動模式。

「瑪那熊，你說的道理我懂，但我有個朋友，每天下班都八、九點了，週末也常要

8 Aron, A., Aron, E. N., & Norman, C. C. (2001). *The self-expansion model of motivation and cognition in close relationships.* In H. T. Reis & C. M. Judd (Eds.), Advances in experimental social psychology (Vol. 33, pp. 1-67). Academic Press.

加班，哪有辦法整天跑出去？」某次講座，有位學員舉手問了這問題。另一名學員也立刻附和：「對啊，像我本身比較宅，不愛往外跑，難道得逼自己去衝浪爬山嗎？」

我們的確可能受限於工作或個性，未必成為愛往外跑的熱血嗨咖；有些把妹教練提倡「陽光外向、團體領袖型的人，才容易受到他人的喜愛崇拜」，更讓內向或居家型的人憂心忡忡。然而所謂的「自我擴展」，未必得是出國壯遊、打工度假、徒步環島、高山攀爬，或踏上偉大航道之類的挑戰；也不需限定在米其林餐廳、紅酒雪茄、遊艇出海、夜晚跑趴這些看似「高級」、「很潮」的活動上。

即使待在家，同樣可透過社群網路、看 YouTube 影片、閱讀書籍來增廣見聞，而許多居家活動，例如布置裝飾環境、種植園藝、下廚烹飪、玩電動、看動漫等，也都具有擴展生活、增廣見聞的效果。

例如在疫情較嚴重的期間，你因居家工作（Working From Home，簡稱ＷＦＨ）而需要將書房重新布置成適合工作的環境，於是上網搜尋相關建議，擬定需要購買的清單：人體工學椅、較大的螢幕、新鍵盤與滑鼠、因應線上開會的麥克風與攝影機等。接著為了買到合適的器材，進一步找尋資料、開箱文、網友心得，並進行篩選評估、比價，過程中還了解了機械鍵盤與一般鍵盤的差異，甚至買了款形狀奇特、號稱符合人體工學的滑鼠，使用幾週後發現原本肩膀與手臂痠痛的困擾好了大半，便也上網分享心得，與一些網友交流起來。

又例如，你被朋友推坑一款「駕駛坦克與其他網友對戰」的線上遊戲，還是菜雞的你每次都被秒殺，於是開始上網看高手們的心得分享，也從直播影片中學習遊戲技巧，並向同好們請教、討論。當你的成績變好，駕駛的坦克也逐漸升級後，進一步對遊戲中的各種坦克產生興趣，上網去找尋相關的歷史資料、影片，了解它們的研發過程、戰績、奇聞軼事等。變成了坦克迷，最後還弄了套小型的家庭劇院組合，只為了能用大螢幕觀看《怒火特攻隊》（*Fury*）[9]，並買了積木模型，組出一台 TOG II[10]。

你更可能因聽到不少同事在聊《間諜家家酒》[11]，所以也開始追這部日本動畫，這勾起了你對「間諜」與「特務」的好奇，於是找了相關主題的 YouTube 說書影片，才驚訝於原來真實世界中的特務，根本不會像《不可能的任務》（*Mission: Impossible*）或《007》系列電影那麼高調醒目。這部動畫也讓你對「殺手」產生興趣，你看了紀錄片，了解歷史上有名的暗殺事件，閱讀了介紹中國古代刺客的書籍，然後因此跑去玩

9 —這部電影講述二戰時期由主角團隊所駕駛的雪曼坦克，在戰場隻身阻擋德軍的進攻。聽起來很扯的劇情，卻是改編自真實事件，喜歡坦克或戰爭電影的人絕對不能錯過這部。

10 —英國實驗型的超大型坦克，因其外型而被戲稱為英國臘腸狗。

11 —這部日本動畫講述沒有血緣關係的三人組成的家庭，爸爸真實身分是間諜，媽媽是殺手，女兒則有心靈感應能力，能聽到別人的內心話。是一部溫馨有趣的喜劇。

《刺客教條》（*Assassin's Creed*）系列電玩。最後，你甚至因為動畫裡可愛的角色「安妮亞」，定下了未來想生女兒的目標，開始超前部署，學習育兒知識……

這一連串過程，你同樣擴展了生活經驗、知識、人際圈；接觸了過往未曾接觸的人事物；讓自己學到、看見、理解更多關於這世界的東西。所以「經營生活」可別侷限於一定得出遠門，重點在於自己有沒有發揮好奇心，主動去接觸、了解相關的事物。

如果布置居家工作環境時，沒有做功課，看網路上有什麼就隨便買，那自然就不會有後來的分享。玩遊戲若像是例行公事，不在乎玩法，不想了解遊戲相關背景，不與其他人交流互動，那就真的只是單純打發時間，談不上什麼擴展生活。又或者當看完一部動畫，不去想任何事情，沒有什麼心情變化，也就真的只是「看過」罷了。

如何擁有更精彩的生活？

釐清了一些觀念並建立基本心態後，接下來得處理這個現實的問題：該怎麼經營並擴展生活？老實講，在高工時、責任制的社會下，這的確不是件太容易的事情。然而這也意味著，如果能找到突破口，成功地經營生活，不斷自我擴展，就很容易維持對伴侶的吸引力，因為不容易找到像你這樣的對象。換句話說，當我們在情場具有稀缺性時，便具有更高的價值及難以取代的魅力。

接下來，讓我提供兩個策略，達到這種境界：

時刻檢視、調整心態

行為起源於內在的信念，行動奠基於背後的動力。為什麼光靠錢、收入並無法真正吸引伴侶，讓對方「人在心也在」？你可以輕易從親朋好友、新聞報導、網友血淚分享等管道看見，有些男女日夜認真賺錢，為伴侶與家庭犧牲奉獻，但感情、婚姻不大順利，輕則雙方平淡度日、相敬如冰、無性生活、婚內失戀，重則被戴綠帽、分手離婚、不歡而散、變成仇人互告。

Victor 幾年前曾與我諮詢過幾次，他是台灣常見的高工時賣肝工程師，年收入令大多數人稱羨，也有個住在鄰近縣市的女友。但放假的日子扣掉補眠修養的時間，常常兩、三週才能約會碰面。

「瑪那熊，我有想過要不要換工作，因為實在太累了。而且我也希望能有更多時間陪女友，但薪水加上獎金真的太香了啊！」Victor 認真地說。

「對你來說，如果換成別的工作，你擔心的是什麼呢？」我問。

「可能收入一定不會有現在這麼多，生活品質會下降，搞不好女友會覺得我這樣很廢。」Victor 露出焦慮的表情回答。

「這是你擔心的事，還是女友真的如此說過呢？」我又問。

「嗯，我猜的啦。」

「那你需要的，或許是聽聽對方的看法。你以為她要的生活品質，搞不好和她實際期待的不同喔。」

大約一年後，Victor 突然又約了諮詢。當我看到他時，忍不住驚呼：「Victor，你是發生什麼事了啊？與之前比起來，氣色也好太多了吧？」

Victor 這才笑著分享他之前諮詢後的變化。和女友聊了一個晚上後，他發現其實兩個人對生活與關係的期待，根本就沒那麼在乎「物質」，而是更重視雙方相處的時光。「有時我會覺得和你交往，其實與單身沒差多少。」女友這句話，讓他驚覺真的需要重新思考職涯規劃。最後他找了同產業的另一家公司，雖然年收入比原本少一截，「但可以六點前就到家，真是太爽了！」從 Victor 的用字與口氣，我完全感受到他的好氣色怎麼來。

「那你和女友的狀況如何呢？」我續問。

「就……」Victor 打開了手機相簿，遞給我看。他原本還想裝神祕，但臉上的笑容一下就露餡了，「最近剛拍完婚紗照囉！」

分享這段諮詢經驗，是想提醒你：要擁有良好的愛情關係，不能只靠金錢或勞力付出。選擇工作、規劃職涯時，請務必將「經營生活」、「自由時間」考量進去。剛出社會當然可將大量精力先投入職場，以累積專業、財富與人脈，並較快地往上攀升。但當打拚了三、五年，已經逐漸上軌道後，記得重新檢視工作與生活的比例，別被月薪、年薪或獎金的數字迷惑，而忘了自己該成為一個享受生活的人類，而非一部賺錢機器。

請記住，我們的時間與健康一旦用掉、消耗了，未來用再多錢也換不回來啊。

規劃時間，才有時間

假若我們目前受限於現實狀況，短期內無法調整工作，怎麼辦呢？

其實在我的晤談經驗中，很多人認為自己「沒有時間經營生活」，但其實比較像是「不知如何規劃時間經營生活」。也就是說，真正忙到沒有時間的人，並沒那麼多。

看到這，你可能想反駁：「我每天七點通勤上班，回到家都十點，有時還要忙到十二點，假日還常得去支援加班，一週只休一天真的太累。只想睡覺補眠。」這種生存模式是不少人的日常，但時間如同金錢，也需要「開源節流」的。

「開源」是指，找出更多可自由運用的時間。

除了跳到工時較短的工作或職位，「特休」也是個非常重要卻常被忽略的資源。雖然你可能也認為社會上慣老闆超多，但很多人並非真的「不能休」，而是「不想休」，理由很簡單：「休了也不知要做什麼，不如上班。」

如果我們沒先去培養休閒興趣，或還不知道經營生活的重要性，自然會產生這種想法。請注意，不是「有了興趣，才運用特休去做」，而是「先運用特休去做點事，才會發展出興趣」。

另一個不想休假的理由是「特休剩下來，可以換錢」。身在遵守勞基法的公司，的確可以讓人把特休換成錢，但除非真的生活拮据困頓，不然「時間」遠比金錢寶貴。特休的時間可以用來休息回血、拓展生活、放鬆身心、發展興趣，甚至當你搞出一些斜槓副業後，特休還能為你賺到更多的錢。

這個開源的過程，其實也是在練習設定自己的界線。每個案子都要接嗎？每次加班都得去嗎？所有特休都要省下來嗎？這些問題沒有絕對的標準答案，但我們可以用「生活與工作是否平衡」、「自己的身心狀態是否穩定」來評估，找出合適的作法。

既然可以自由運用的時間如此寶貴，我們自然要好好運用，不能浪費。「節流」就是善用寶貴的時間。

可以打開自己的行事曆，將最近三個月所有放假的時間標示出來，先了解到底有哪些時間可以運用。接著找出自己想做、可以做的事情，安排好時間填上去。不知道要做什麼？別擔心，Google 或社群媒體是你的好朋友，你可以透過它找到一大堆的資訊，舉凡美食、景點、展覽、活動，應有盡有。就算你想待在家裡，也能搜尋到適合的事情。

如果沒有事先規劃，很容易等到放假時，東摸西摸，一天就這麼過去了。然後一日復一日，一週過一週，轉眼又是新的一年。青春歲月逝去，與伴侶關係淡掉，我們卻還不知道發生什麼事。因此，請務必執行這三步驟：**標出時間**、**尋找資訊**、**規劃安排**。當然，你還可以加進第四個步驟：**記錄整理**。讓生活中的精彩片段變成聊天話題，與對方分享！

PART 3

陪伴，
是戀愛的成長心態

我們想要與「這個人」有更緊密的連結，
想知道對方的事情，包括過往與此刻；
想了解對方的內在，包括心情感受、想法觀點。
而這些，也是我們的伴侶同樣想要的。

第8課

懂愛情，就能掌握愛情——從依戀理論了解伴侶要什麼

「關係經營」總是容易受到人們的關注，畢竟我們與天菜相遇未必那麼容易，即使在網路時代，你仍可能得花費大量時間才「滑」到對方，成功配對。更別說從接觸、認識、曖昧至正式交往，除了經歷了重重關卡，還加上點緣分與運氣，最終才抱得型男／美人歸。

這樣得來不易的愛情，想必不希望輕易被摧毀，也期待眼前這個喜歡的人，可以陪伴左右不會離去。該如何做到呢？

我們已了解到外在形象、個人界線、上進心、生活經驗的提升，對於持續吸引伴侶非常重要。用比較簡要的說法，是透過自身魅力供應愛情中的「激情」元素，讓對方在每次碰面、約會時，仍有「戀愛的感覺」，被我們勾起欲望而感到心動。

然而，這種「讓對方持續欣賞我們」的策略，卻可能被窄化為「只要讓伴侶一直崇拜、仰慕，對方就會離不開我們」，反而使人失去一段珍貴的關係。這種觀點，尤其來自於傳統的男性主義思維。過往台灣社會「男主外、女主內」的分工模式，讓擁有經濟資源的男人確實容易在親密關係或家庭中站上較高的位子，習慣接受來自下方伴侶的仰望。

近幾年，台灣的「愛情教育圈」也出現這種復刻上一代，甚至上上一代的性別框架，將關係經營「化繁為簡」，轉成「要讓女人離不開你，只要持續成為強者，引發她的欲望與慕強天性即可」的教條。

在那些「強者至上論」信徒眼中，女人會發自內心喜歡的，只有強者——有錢、有自己的事業、社會地位高、身材健壯、具有領導力、能主導關係並讓伴侶聽話順從的上位者。有些人會用生物學標注群體領袖的名詞「Alpha」來稱呼這樣的男人，但對「Alpha」與「強者」的定義過於狹隘短淺，更充斥著老派的毒性男子氣概。我見過一些極端信徒，甚至認為「男人天生就是比較高階」、「女人天性就是想要／應該順從男人」，幻想自己能用俯視的角度睥睨女性，而且這是女性自己想要的。同時，他們也瞧不起那些溫和、內向、會為女生付出、在關係當中願意協調與讓步的男生，稱呼他們是「Beta」。

這種結合性別刻板印象的觀點，套用在關係經營中，著重的是「讓女人崇拜」。他們認為「溝通」一點兒也不重要——女人要不順從，要不就離開，男人的界線不容侵犯。我在第四課提過，界線並非僵化死硬，而是應該具有彈性。有些人卻誤以為溝通就等同於退讓、妥協、失去框架、成為弱者、Beta、舔狗等，這是非常危險的迷思。

事實上，不論男女，我們的確都會被「強者」吸引，也就是「慕強擇偶」。但關鍵是這個「強」應是多元、多面向且有著各種特性，而非必須符合前述那些傳統觀念的元素才叫「強」。

另一個常見的錯誤思維，是認為「經營愛情，不需要安全感」。畢竟前述的老派觀念不斷宣揚，只要在對方面前一直是個強者，伴侶就會因為崇拜、愛慕而不願離去。安全感是什麼，可以吃嗎？然而近代心理學告訴我們，讓關係穩定且幸福的主菜，就是營造並維持安全感。但也要留意，安全感不是「安逸感」（詳見第十五課），一成不變、毫無驚喜、缺乏激情的愛情就如同蒙眼走在危橋上，長期平淡度日、各自滑手機，會讓雙方走向「室友」而非「情侶」。

更重要的是，關係經營必須隨著時代與社會的變化，而做出調整。因時微調、因地制宜，才能發揮人類重要的適應能力。

「爸爸看書報，媽媽做家事」的課本內容早已消逝在時代的洪流中，取而代之的是更多元、合作的性別觀念。男女之間的界線愈來愈模糊，甚至不再只有男女兩性。愈來愈多人接受「並非男人／女人就應該怎樣」的訊息，並逐漸內化。

在職場上，團體組織的領導者已並非屬於男性專利，我們能看到男人也會在家帶小孩，不再只是「外面打拚，拿錢回家」。有一位我很敬佩的前輩心理師，分享生涯經驗時，就大方表示，自己從小的夢想之一就是當個家庭主夫。孩子出生後，他也毅然決然辭去眾人稱羨的主管職位，專心在家養育小孩。據這位前輩所述，當時他妻子直接說了句：「沒關係，老婆養你！」[12]

各種媒體、影視作品早已打破了傳統的性別角色或分工，《冰雪奇緣》（*Frozen*）火紅的並非只有主題曲《Let It Go》，背後隱含的是「我可以選擇走自己的路」，以及解構了「公主總得靠王子來解救」的刻板印象。

社會正鼓勵愛情關係走向更加多元、合作的方向，雖然可預見會有人緬懷「男人可以主導關係」的過去榮光，而死抓著傳統觀念不放，但我認為這終究難以抵擋時代巨輪的前進。有些把妹圈的社群認為親密關係中男女的平等、合作，代表著男人被女人「馴化」，但我更傾向用「進化」的角度來看待。畢竟，人類不就是不斷變化、進步以適應環境、優化生活的生物嗎？

12　這位前輩就是黃柏嘉諮商心理師，是國內處理家暴議題的資深前輩，也擅長協助情緒管理、夫妻及親子衝突議題。可以看他的臉書粉絲專頁「黃柏嘉諮商心理師」。

那麼，「讓對方崇拜、仰慕我」，對關係經營難道真的完全沒有幫助嗎？

回到一開始所說，交往後仍不斷持續精進、提升魅力，絕對是讓對方不想離開的原因之一，但我們目的是讓對方「欣賞」並「心動」，而非製造出上下位階的「崇拜」。強勢、主導、控制，這種讓對方得抬頭仰望的愛情，早已不是現代多數人喜歡的長期相處模式，男女皆然。

我們除了要製造出「激情」元素，別忘了愛情三元論[13]中還有重要的「親密」，兩者交互作用，能讓兩人的愛情更加濃烈、穩定與長久。接下來，我想與你分享許多經實戰驗證有效的方法。

13｜這是由美國心理學家羅伯・史坦伯格（Robert Sternberg）提出的人際關係理論，認為組成「愛」的三元素分別為激情（Passion）、親密（Intimacy）、承諾（Commitment）。

第9課

人類為什麼需要愛情？——依戀的三種需求

在正式進入營造安全感與親密元素的環節之前，我們得先做一件事，就是了解「愛情」的本質，或白話來說，人類為什麼需要愛情？

要獲得一段「合適的愛情」並不是件輕鬆的事，不妨來看看要做些什麼。

第一，你得先了解自己的期待，設定好擇偶需求。在我的接案經驗中，很多人都忽略這件事，結果花費大量時間精力，交往後才覺得「不適合」而分手。

第二，你得不斷打磨自己，像是外在形象、經濟能力、心態調適、情緒控管、人脈資源、社會歷練，以及最關鍵的生活經驗。有了優勢，還得想辦法展現，例如提升互動技能，與對方聊起來、約出去，並運用曖昧技巧製造激情與心動。

第三，你還得透過不同的管道認識潛在對象，例如職場同事、親友介紹、交友軟體、出門搭訕、參加聯誼或婚友社等。一方面篩選掉不合適的對象或瞎咖，一方面將你所學的知識技巧實際運用，展現你的優點來吸引對方。

也許你天生外表姣好，一開始就神力開局，獲得貴人相助，也可能你屬於大鳥慢啼、得打磨很久的類型，又或者無意間欠了月老什麼，一直遇不到「對的人」。總之，你終於成功與一位喜歡的對象交往了！可是前幾課又告訴你不能擺爛耍廢，仍要持續提升自己。你得經營生活、規劃未來，甚至不能高掛之前約會當作戰袍的牛津襯衫、洋裝長裙，還是要呈現出自己具有魅力的一面。

隨著交往時間拉長，情侶間會開始出現摩擦與爭執，你得在堅持個人原則與照顧對方需求兩者間來回協調，找出最適合的相處模式及步調。而這些衝突，可能會在你忙於工作時出現，或在你想進行自己的娛樂活動時繃出來。你的時間、注意力、精神被瓜分了，似乎無法再像過去那樣，什麼事情都隨心所欲，只顧自己。

看到這裡，你可能忍不住翻了本書的封面：「難道我買錯了，這本書名其實是《分手是個好主意》或《單身一輩子也很好》嗎？」要獲得一段愛情已經夠麻煩了，後續的維繫經營又是另一門學問，這樣值得嗎？

為愛情付出的成本這麼多，那我們能得到什麼回報呢？

首先，你多了一位願意靠近、願意了解你的人，你們有著比一般朋友更大量的互動時間。當你分享過去糗事時，對方會笑著說你真的好傻，彷彿也參與其中；當你聊著今天遇到的趣事時，對方會露出不可置信的表情，追問真的還假的，高喊太誇張了吧。偶爾當你提起未來的夢想與目標時，對方會專心看著你發光的眼睛，相信你一定能辨到。

同時，你也多了一位願意讓你接近並了解的人。你將聽到對方生活中接觸的人事物，以及各種喜怒哀樂。你得到了通往他內心深處一個小房間的鑰匙，裡頭放映著他過往的人生與回憶，有時是快樂喜劇，有時則是傷痛及遺憾。他願意讓你了解「我是怎麼成為此刻的我」，這權利可不是一般朋友、親人能取得，甚至連心理師也得花費好大心力才能略知一二，你卻擁有這把稀有的鑰匙。

不僅如此，你還多了一位願意提供支援、幫你補血或擋子彈的戰友。你可能在職涯發展上遇到瓶頸，久攻不下，或是原本工作還沒解決，主管又丟了新的東西過來，為此感到煩躁不堪；你也可能與好友漸行漸遠，原本熱絡交情在對方有家庭後逐漸冷卻，令人感慨萬分。總而言之，你在「外面世界」遇到的種種破事，以及難以發作的不滿、不爽、不如意、不開心，在回到與伴侶共住的小窩時，你可以選擇與這位隊友分享、抒發。對方未必會提供你解決方法，但可能會幫你倒杯熱茶（或從冰箱拿出啤酒），靜靜聽你述說，給你一個擁抱。

戰友是互相的，你的伴侶也是你最願意照顧、關心、盡力幫忙的隊友。當堅強的他在你面前露出難過表情，你忍不住為他擦拭眼淚；當自信的他遇上難關時，你放下了手邊的工作，陪伴他想辦法克服。你知道他不是個隨便展現脆弱、向別人求助的人，你卻成為那位他願意依靠的神隊友，一起踏上屬於兩人的冒險之旅。

更棒的是，你多了一位認真看待這段關係的伙伴。對方在繁忙之餘仍會想著你的事情，傳個訊息問你案子搞定了嗎？同事剛推薦了新開的西班牙餐館，今天沒加班的話，或許可以一起去吃？上次你在愛店逛了好久，後背包也的確有點舊了，要不當成下個月的生日禮物？最近天氣好轉許多，週末一起去近郊爬山？好像對健康不錯呢！

並且，你也多了一位讓你思念、在意、重視的人。你在通勤時，會提醒伴侶別忙到沒吃早餐；你出差時看到厲害的甜點，隨手買了當成貼心的伴手禮；週年紀念日到來，你訂了氣氛與食材都很棒的無菜單料理；寒流將至，你為對方買了柔軟又保暖的羊毛圍巾；某個日常夜晚，你規劃了一個小小驚喜……

你發現，有一段願意用心的關係，有一位值得你付出的人，是如此美好的事情。而且對方不是將此視為理所當然，也並非總是白白享受，反而能夠看見你對關係的認真，表達感謝與知足。你們既接受對方的「好」，也給予彼此更多的「好」，共同為這段關係持續投入，獲取更多正向的回憶與情感。

當一段愛情擁有安全感，雙方之間充滿著親密元素時，以上的種種就非常有可能發生。你可以在這段關係當中，體驗到快樂、開心、滿足、興奮、被支持、被照顧、被肯定、被欣賞、被好好對待與珍惜。從依戀取向心理學來看，愛情就是如此美好的事物，值得我們努力獲取。

那麼，該如何建立安全感，好讓雙方都能享受幸福呢？其實答案已經隱含在前面提及的內容中，那就是滿足彼此的三種「依戀需求」：**「可及性」**（Accessibility）、**「回應性」**（Responsiveness），以及**「投入性」**（Engagement）。[14]

14 《抱緊我：扭轉夫妻關係的七種對話》（*Hold Me Tight: Seven Conversations for Lifetime of Love*），蘇珊·強森（Sue Johnson）著，張老師文化。

第10課

我的想法，拉近與你的距離——正向揭露的使用技巧

人類雖然也是動物，但又略有不同。愛情對我們來說，並不是單純為了繁衍後代而已（我相信某些動物也是）。即使在「遠古時期」可能如此，但在悠久的歷史與文化中，「與某個人在一起」早有了更廣泛的目的，以及更深沉的意義。

依戀理論（Attachment theory）[15]告訴我們，當人類呱呱墜地的那一刻，我們便會吸引別人靠近，也靠近別人。

嬰兒時期的你半夜醒來，肚子餓得不舒服，但還沒有辦法說出「爸爸我餓了」或「媽媽我想喝ㄋㄟㄋㄟ」。目前你只擁有「哭」、「大哭」、「瘋狂哭」、「出怪聲」這幾種技能，無奈之下，你只能先選一種。

當你開始哭泣，你的父母被吵醒了。他們打開燈，一個人抱你入懷，另一人去廚

房泡了牛奶回來。你吸吮奶瓶後，好喝的溫熱牛奶下肚讓你覺得心情很好，忍不住使出才剛擁有的「咯咯笑」技能。這一笑，他們將你抱得更緊，你感到被滿滿的溫暖圍繞著。你那接近別人、也讓別人接近的本能，幫助你得以存活。

「瑪那熊，我相信剛出生時需要靠近別人，但我現在已經長大了耶！」確實，現在的我們如果肚子餓，可以自己煮東西、叫外送，或去巷口的便利商店買宵夜，不需要別人來滿足我們的基本生理需求也能活著。所以，「依戀」與我們無關了嗎？

不，我們無法逃離依戀的影響。

對嬰兒來說，依戀對象的接近，並非單純滿足用以生存的生理需求那麼簡單。那時候的你得到照顧，看到父母靠上來對你笑、緊抱入懷時，你的內心會出現一個名為「安全感」的東西。這個好東西會幫助你敢於探索周遭環境與陌生世界，因為你相信背後有人在關注你，必要時他們會跳出來保護你。於是，你擁有了像是避風港與燈塔的安全基地（Secure base），讓你更有勇氣踏上偉大的航道，尋找藏於彼端的大祕寶。

15　依戀理論，又譯為依附理論，是英國心理學家約翰・鮑比（John Bowlby）從大量實務觀察中，整理歸納而提出的理論。此理論認為嬰兒時期與照顧者的關係，會影響後續的自我認同、情緒調節、社交能力等人格發展。其學生瑪莉・安斯沃斯（Mary Ainsworth）進一步設計「陌生情境」研究依戀類型與影響，提出安全型、逃避型、焦慮型的依戀風格。

在我們逐漸成長過程中，依戀對象也隨之擴展。我們開始脫離父母，接觸到外面的同學、朋友、老師、前輩或後輩，你可能會增加更多依戀對象。當然，在這份名單上的「首席依戀對象」也可能由情人或伴侶來擔任。

長大後的我們，要的早已不是單純滿足生理需求、吃喝拉撒，而是拉高了心理需求的比例。我們需要可靠的戰友結伴同行，使我們更有力量與勇氣在這冒險旅程中披荊斬棘。

同樣的，我們的伴侶也期待我們成為「避風港」與「安全基地」，來給予其心靈層面的支持。

我能靠近並了解你嗎？

人類對於「與別人連結」的喜好程度各有不同，有些人就喜歡享受熱鬧歡樂的氣氛，覺得一群人玩才有趣；有些人則偏好與少數幾位好友相聚閒聊，一起度過寧靜悠閒的午後；甚至也有人不刻意尋求社交，與同事保持最低限度、不失禮貌的互動，團購不找他也沒關係。

人們能接受「孤獨」，卻通常不喜歡「孤單」。兩者有什麼差別呢？

雖然都是自己單獨行動，看起來只有一個人，但孤獨是我們主動選擇如此，內心欣然接受；孤單則往往是被迫落單，意即非自願一個人，且內心空虛寂寞覺得冷。

當我們處於孤獨狀態時，雖然身旁暫時沒有別人，心裡卻有著某個身影，我們可以在需要時找到、接近、碰觸到對方，由他給予我們回應、陪伴與溫暖。如同前面所說的燈塔與避風港，那對我們而言是很重要的安全基地，也是所謂的「可及性」。

我們期待對方願意與我們互動，讓我們靠近、了解，而且這並不僅止於身體上的接近。我們想要與「這個人」有更緊密的連結，想知道對方的事情，包括過往與此刻；想了解對方的內在，包括心情感受、想法觀點。而這些，也是我們的伴侶同樣想要的。因此，「自我揭露」就成為能否滿足可及性需求的關鍵。

我想知道關於你的一切：自我揭露

自我揭露是什麼呢？這是我們向對方分享、展露、表達、述說關於自己的事情，包括表層的事件過程，以及深層的心路歷程。

大學時期參加吉他社，期末成果發表時，在舞台上演奏的過程；進入職場後，如何跟著前輩學習，到後來獨自談成第一筆生意；第一次到日本自助旅行，看著眼前的雪妝金閣，感動到說不出話的經歷；三十歲那年，送自己一支很喜歡的機械錶，紀念人生里程碑的故事；上週到新營出差，巧遇一間有著全台南最棒牛肉湯與滷肉飯的店家，忍不住在三更半夜與伴侶分享……

正向自我揭露，很可能在交往前的約會、「網聊」階段就不斷使用了，且或許就是我們吸引到對方的關鍵之一。透過分享故事、談吐言行展現生活型態與魅力，除了製造交集、延續對話，也讓對方看見我們的優勢與生活，進而累積好感、愈加曖昧，最終成功令對方心動，樂意交往。

這類的正向自我揭露，在交往後請務必持續，好讓我們在對方心中的魅力值不會下降，甚至還能上升。然而若要透過自我揭露滿足可及性，只靠有趣好玩、感動開心的故事，力道稍嫌不足。

因為交往後的關係已經更進一步，我們的角色也非「約會對象」，而是「伴侶」，對於以長期關係為目標的人來說，還會想知道更多、更隱私，且與「我們的未來」有關的事情。

也就是說，伴侶會在交往的相處時評估「能否繼續與這個人走下去」、「我們是否適合進一步發展」。交往前很多時候是靠感覺、衝動，但若要走向長期發展或結婚，不論男女，多數人就會把「理性」搬出來了。

交往後，可以進一步揭露自己什麼呢？如同當初剛與對方認識，不需一股腦兒就把自己的過去、現在、未來都傾洩出來「餵」給對方。我們不妨循序漸進，先從正向主題的自我揭露開始吧！

那怎樣的自我揭露是有益的？分享生活故事想必多數人已經熟悉，我建議的是透露個人內在的兩種價值觀，讓伴侶更了解我們。

金錢觀

第一是金錢觀，也就是我們的用錢習慣、觀念，以及通常會把錢用在哪裡。

伴侶分享金錢觀的理由，並非是要把錢交給某一方管理。婚後的家庭收入與開銷該如何處理，是看每對伴侶夫妻自己的習慣與溝通結果，沒有絕對哪種好、哪種壞。而分享自己的用錢方式與看法，就是在為未來超前部署，讓對方有個心理準備。別忘了，自我揭露容易引發自我揭露，當我們分享較為隱私的想法與觀念，也是在鼓勵對方表達他的想法。這不但能滿足彼此的可及性需求，還能讓我們也評估眼前的對象是否適合自己。

分享彼此的金錢觀，除了有助於約會、生活開銷的規劃，也能營造一種「共同為未來做準備」的氣氛，從而加強自己與隊友間的凝聚力。與一位冒險者組隊打怪，可不是只有一時戰鬥一時爽而已，隊伍的收入與支出也得花費點心思考量，才能走得長久。要是像某個解任務都不收錢的精靈法師，只拿各種奇特魔法書當報酬[16]，這也得看隊友能否接受，對吧？

當然，不需要像上班一樣正襟危坐、嚴肅認真地「報告」金錢觀，或提出收支明細表。你可以從分享「自己買過最貴的東西」、「買過最後悔的東西」、「花過最大筆的錢」、「覺得花過最值得的錢」這類生活化的聊天主題開始。當然，這些話題其實在交往前的約會階段就可以用。如果當時沒聊到這些就成功交往了，現在也是個好時機。

總結來說，愛情不是只看麵包，但我們畢竟都得吃麵包啊。透過自我揭露個人金錢觀，除了讓伴侶更了解、靠近自己，還能提供雙方理性思考未來發展的機會，並用以評估彼此是否適合繼續走下去。

愛情、婚姻與家庭觀

這三者息息相關、交互重疊，在關係逐漸穩定，交往時間逐漸拉長後，雙方可能會在心裡思考結婚或共組家庭等事。「要不要和這個人結婚」與「要不要交往」、「是否接受告白」是完全不同層次的問題，投入的時間成本差距很大。交往後覺得不ＯＫ，提分手是相對簡單的事情；結婚後想閃人，就無法單純拍拍屁股解決，如果有小孩，那事情更是複雜。

在交往前的兩個人，通常就會聊到彼此的愛情觀，好作為篩選對象的依據，拉近彼此的關係。然而對愛情的看法、期待與渴望，在交往後也是個好話題，且隨著兩人愈來愈緊密，自然會想進一步知道「對方到底能不能與我一起走入下個階段」，即彼此對於婚姻、家庭的看法。

「婚禮要怎麼辦？簡單解決還是豪華排場？」

「蜜月要去哪裡？願意花多少錢？」

「婚後住哪？租屋？買房？和公婆住？住多久？回去的頻率多高？」

「要與彼此的父母親戚常往來嗎？需要家族聚餐或旅遊嗎？」

「要不要生小孩？想生幾個？希望是男生還女生？」

如果再延伸到教養議題，那更是沒完沒了。然而前述這些問題，不只與這段感情的未來有關，和我們自身的人生方向更有著舉足輕重的關聯。建議找個不被打擾的時間與空間，自己先好好思考這些問題。

當關係走得愈來愈深入、可能邁入下一個階段時，未必會由某一方完全主導之後的走向。但我們必須先有自己的規劃、預期，才能與對方一起討論、溝通及協調，共

16 看過《葬送的芙莉蓮》這部漫畫嗎？這是我個人認為近幾年最強的神作之一。

同擬定未來的旅程該往何處前進，以及如何前往。

有了初步想法，也不用刻意和對方約個時間一一條列、報告，搞得像開股東會。可以透過與「婚姻」或「家庭」有關的故事來分享自己的家庭觀，例如童年經驗、家族聚餐、旅遊趣事或糗事、參加過印象深刻的婚禮等，這類的故事會自動透露出我們與家人的互動狀況、關係，且可以自然地聊到心路歷程，讓伴侶了解原生家庭對我們的影響，以及彼此對「家庭」及「婚姻」的看法。

尚未準備好分享自己的故事，也可以先從「新聞上看到的事件」或「親友們的家庭故事」開始，與伴侶相互分享對該事件的看法。這種「類自我揭露」方式對防衛心較高的人頗有幫助，畢竟自我揭露需要安全感、信任感作為基石（有趣的是，自我揭露本身就是能增加彼此安全感和信任感的一件事），對有些情侶來說，即使交往了，也得慢慢累積。

簡單來說，以「故事」作為開場，再延伸到內在的感受、想法與觀念，才不會在自我揭露這件事上顯得太刻意且嚴肅。

第11課

你的過往，引導我們走向未來——負向揭露的絕佳效果

若關係隨著交往時間拉長，雙方都有愈來愈多的正向自我揭露，建立了基礎的安全感。那麼，現在是踏入下一個階段的時刻了，即「負向自我揭露」。

別誤會，這不是說「自我揭露是負向的」，而是指「分享負面的感受與經歷」，也就是那些不如意、挫折、失敗的故事，以及難過、悲傷、生氣、自責、內疚、嫉妒、害怕、焦慮等情緒。

看到這，你可能會感到非常困惑：「瑪那熊，這樣會讓關係更好嗎？」「這風險也太大了吧，如果對方對我的印象變差怎麼辦？」

我們先來看看這段故事：Alex 與 Peggy 交往且同居一年了，最近 Alex 很常加班，回家的時間也愈來愈晚。Peggy 在六點時收到對方傳訊「加班，晚點回去」，並在八點

時傳「寶貝加油，還好嗎？」的關心，但對方未讀未回。九點半，Peggy 聽到開門聲，看到臉有點臭的 Alex 進屋子。

「你看起來很累耶，發生什麼事了嗎？」Peggy 遞了一杯溫水給男友，同時問了這句話。

「沒事啊。」Alex 喝了口水，短促地回應。

「可你臉色滿不好的。」Peggy 露出擔心的神情。

「就說沒事啊，不要一直問好不好？」Alex 不耐煩地回應，並把杯子放在一旁，「我先去洗個澡。」然後逕自走向浴室。

男友洗澡時，Peggy 心想搞不好是肚子太餓導致脾氣差，於是烤了冰箱裡的麵包。當對方走出來時，她帶著微笑問：「寶貝，我幫你弄了點宵夜，要來吃嗎？」

Alex 看了桌上的擺盤一眼，隨即轉身走向臥房，「不用，我要睡了。」

「你晚餐有吃嗎？」Peggy 忍不住多關心一句。

「你不要問這麼多好不好?就說不用了。」Alex 的語氣有點急躁，「晚安。」

房門關上後，Peggy 自己坐在餐桌吃了起來，想起這一、兩個月，雙方好像都沒什麼交談，男友愈來愈少講自己的事情。她不太知道對方這陣子的工作狀況，是否遇到什麼麻煩，也無法得知為什麼他最近總是不耐煩又易怒。

無法靠近、了解伴侶，讓 Peggy 的可及性需求無法被滿足，這一刻儲存「關係安全感」的容器便出現了破口，導致裡頭的安全感流失，對兩人的關係產生負面影響。在我的接案經驗中，男生不願分享負面事件或感受的比例較高，或許這還是與我們文化裡傳統的性別刻板印象有關。「男兒有淚不輕彈」、「男人就該有苦自己吞」，或是這樣的歌詞：「像個鋼鐵般的男子，我會藏起我所有的心事。[17]」

前一課提到，人們自然而然將伴侶視為主要的依戀對象，期待對方成為重要的避風港及安全基地，建立堅固的心理連結，或用更浪漫的說法，是一種「羈絆」。因此，若我們交往的目標是經營一段長期關係，而非砲友或一夜情，那麼不斷在日常相處、約會互動時為雙方「存入」安全感，就成為不可少的重要策略。

而負向自我揭露，就是其中的大招，能填補對方的可及性需求，產生親密感與安全感。當我們向對方展現比較深層或負面的經驗，就如同雙方共享了一個祕密。

在剛認識或交往前，「我」和「對方」是兩個完全獨立的個體，例如「我與對方聊天」、「我和對方吃飯」。進入曖昧與交往階段，需轉換為「一起」的概念，來增加一體感。例如為對方取只有你們兩人用的暱稱、共同做些事情，都對關係持續升溫有很

17 伍佰的《鋼鐵男子》一曲，歌詞描述男性面對悲傷、重新站起並向前走去的心情，但歌詞也提到「我需要安慰，讓悲傷的人不流淚」，刻畫出剛柔並濟的內在。是一首非常好聽的歌曲。

好的效果。當然，這其中也包括了「共享祕密」，即負向自我揭露。願意讓對方更靠近，甚至觸碰內心，會讓伴侶覺得雙方並非室友或「一起睡的人」而已。

經由負向自我揭露，可以引導對方也共享他的祕密與脆弱。當我們分享負面心情時，除了展現出自己對於伴侶的信任，同時亦表示「這麼做是ＯＫ的」，以提升對方聊自身負面經驗或心情的意願。這對維繫關係有許多好處，例如能增加親密感、促進一體感，且製造了安慰對方的機會。這也是我下一課會提到的，如何滿足「回應性」來存入更多安全感。

但要再三強調，聊負面經驗與心情，不是無限制地想講就講，將對方當成情緒垃圾桶。我們可遵循三個原則：

原則一：循序漸進，由淺入深分享

分享是有分程度的，若在交往前幾乎沒有負向自我揭露的習慣，那交往了就別突然講起超級悲慘的故事，或極度強烈的負面心情。以免自己過度擔心、彆扭，也讓對方不知所措、無法消化。建議先從較輕微、近期的負向經驗開始練習，也許是職場的失誤、新來的討厭同事、沒搶到演唱會的票、好不容易放假卻感冒之類。情緒詞彙也別下得太重，可運用副詞來修飾，例如「不太舒服」、「有點嘔」、「感覺無言」等，畢竟「非常痛苦」、「有夠不爽」這樣的形容，對初次聽到這般負面情緒的伴侶來說，實在太強烈了。

另外，也別過於頻繁地進行負向自我揭露，以免將對方當成單純的情緒垃圾桶。別忘了你的依戀對象（也就是抒發管道）不必只綁定伴侶一個人；熟識的朋友、好兄弟、好姐妹、家人等都可以是分享與傾訴的對象。若這陣子的狀況實在不太好，情緒起伏較大，不妨乾脆找位心理師進行晤談，緩和心情，找出盲點，討論策略。總之，就是讓專業的來幫忙吧！

原則二：V型反轉，而非單純抱怨

人們喜歡聽故事，尤其是英雄冒險。在漫畫、小說、電影或戲劇裡，主角通常具有某些優異特質，並透過努力奮鬥，發展一番偉業。在《千面英雄》（*The Hero with a Thousand Faces*）一書中，作者坎伯（Joseph Campbell）整理世界各地的神話故事，發現即使那些故事各有特色，但都在談一個共通議題：人類如何突破生命困境。坎伯也提出「英雄之路」一詞，用來解析這些英雄勇者們的冒險，有著起承轉合的「公式」。

觀察常見的英雄電影或作品，通常就是這樣的套路：

- 起：主角在平凡生活中，因為機緣而跳出舒適圈，踏上冒險或發起挑戰。
- 承：主角透過自身的優勢或努力，初嘗佳績，前途看似一片光明。
- 轉：遇到重要挫折，跌落谷底，這是第一次轉折。主角不會一蹶不振，而是遇到貴人（前輩、家人、伴侶等）的支持，沉澱後爆發勇氣、重新出發，這是第二次轉折。
- 合：整合過自己的主角，成為剛柔並濟、不再迷惘的成熟英雄，最終打敗大魔王，回歸日常，等待下一次踏上旅程。

人們愛看的，並非開場即巔峰、沒有煩惱的完美英雄，而是需要經過失敗、挫折來淬鍊與成長的英雄。故事最精彩之處，莫過於摔到谷底的主角如何重新站起、反思並克服自己過往的限制，並再度往上爬的情節。

如果分享自己的負面經驗、情緒，可以試著提到自己所做的努力及嘗試，營造出由谷底V型反轉的氣勢。即使尚未明顯成長或再次克服難關也沒關係，畢竟日常生活中通常未必有戲劇性的大逆轉，重點是讓對方看見我們對未來懷抱著希望，而非躺在谷底擺爛、放棄治療。這種V型反轉若分享得宜，反而能讓對方產生許多好印象，例如不輕易放棄、了解自己缺點、勇於嘗試、喜歡學習、人脈不錯（遇到貴人）等，也等於是展現出自己的魅力。

原則三：不要掏心掏肺、毫無保留

「在一起就不能有祕密」、「要知道彼此的所有過去」、「不能有任何事情瞞著對方」，這種想法是非常危險的。

在我們過去的人生中，有快樂，有悲傷，也有來來去去的關係和回憶。情侶之間會想了解對方的過往很正常，但不論是伴侶還是自己，難免有些事情、心情或感情，早已被封在一個小小的盒子裡，埋藏在心底的最深處。偶爾，我們因為一些情景或畫面，腦中閃過那個小盒子，但並不想特地打開碰觸。因此，不需要所有東西都一五一十地掏出來與伴侶分享。有些東西適合找朋友交流（像是天馬行空的奇思妙想，或某個妹子真的好正、歐爸實在太帥的灑花時刻）。有些事情則讓它留在過去足矣，例如我們過往的感情史，只需講個大概即可，不用一一細數交往過程的細節。我見過情侶吵架的導火線，就是由「分享與前任的性行為」引起，這實在沒必要。

那如果不是我們主動提，而是對方想撬開我們的盒子，該怎麼辦呢？

「你到底交過幾個？」「你們的前戲都怎麼做？」當伴侶開口，聊起這類的話題，若立刻回答：「我忘了。」對方通常會覺得我們在敷衍、鬼扯，而持續追問。

可以先把握「避重就輕」原則，給出一點點回應即可，例如：「我想想，嗯……四個吧。」「有點久了，就也是擁抱吧。」接著再補上：「我沒特別去記之前的事耶」「我腦袋用來記你的事情都不夠用了。」或「我是個不太會去想前任事情的人啦！」當然，別忘了搭配好用的肢體語言，擁抱、牽手或是眼神對望。若你們平常就不斷累積安全感，這種尷尬時刻通常一個吻就可以解決大半，如果親一下沒用，試試看兩下。

但若遇到火力強大、打破砂鍋問到底的伴侶，怎麼辦呢？簡單回應後，若對方還是窮追不捨，要知道對方在意的不是你前任到底如何，而是你此刻是否真心將他視為唯一。這背後還是回到安全感，因此你可以給予「再保證」，包括「實在不太會去記前任的事」、「我現在只專心與你在這裡」。甜言蜜語與肢體接觸，通常能讓猜忌心較重的伴侶得到初步的舒緩。

另外，面對伴侶心底的盒子，我們也不需特地去翻攪挖掘，找尋鑰匙或是猜測密碼，粗暴地「讓我看看」、硬要打開。因為我們不知道開啟後會發生什麼事情，或許傷害了對方，也許傷害了自己，最終都可能破壞了這段關係。若非常在意伴侶的過往與前任，不妨想起一句老派但意義深遠的情話：「過去的你，我來不及參與，但未來我們將一起前行。」

負向自我揭露練習

有些人對負向情緒的認識很少，描述時通常只會講出「難過」、「不爽」、「心情差」，然後草草結束對話。下一頁的練習是幫助增加描繪的詞語，可以整理自己的負面情緒，更精確地與伴侶分享。

先回想印象深刻的負向經驗，並找出一個心情詞彙來形容當下的感覺。

接著，盡量找出相似或更精準的詞彙，並且練習延伸為句子。想到什麼就先記錄下來，再進一步整理，熟悉不同心情詞彙的差異。

當然，也可以試著從中找到轉折，以進行V型反轉。

瑪那熊的負向經驗書寫練習

故事簡述	和同事各自提了一個案子給客戶，花了很多時間準備，也覺得自己表現不錯，但最後客戶選了同事的提案。
核心情緒	失望：原本以為能拿下這案子，結果卻被打槍。
延伸情緒	生氣：為什麼沒有選我的？ 懷疑：會不會我能力真的比別人差？ 難過：可能我真的不適合走這行。 沮喪：或許我一開始就走錯路，浪費這麼多時間。
故事轉折	後來拿給幾個比較熟識的同事看，他們的評價很高。有位業界的前輩私下表示，其實有時候客戶不是看案子的品質，而是考量成本或其他因素。聽完後我對自己比較有信心了，而且這次提案讓我對整個流程更熟悉，也發現自己在會議簡報時，表達技巧有可再加強的地方。

換你練習看看

故事簡述	
核心情緒	
延伸情緒	
故事轉折	

第12課

「別擔心，我就在你身旁。」——給出恰到好處的情緒支持

從依戀理論來看，當人們將伴侶視為避風港時，也會期待這個心靈場所具有補充能量、療傷休憩的功能。尤其當我們在外面世界遭遇挫折或困難，若擔任依戀對象的伴侶能傾聽並給予合適的鼓勵、安慰、陪伴及協助，感覺似乎還不錯吧？讓我們休整後再度踏上旅程，走出個漂亮的V型逆轉勝，或至少，有力氣讓日子繼續過下去。

「被需要」帶來安全感

負責任、獨立成熟、擁有解決問題的能力等，都是非常棒的正向特質，畢竟依賴

別人、處處擺爛可不是件好事情。然而若解讀成「有淚不輕彈才叫有 guts 的男人」、「凡事都要自己扛才是獨立新女性」，又太極端了。適時地讓伴侶幫忙、提供資源，讓對方感受到「我被你需要」，反而能有效增加安全感，讓關係更穩固。

這裡的資源，未必是給予物質或金錢上的協助，而是指心理層面的陪伴。上一課提到，偶爾的負向自我揭露是必要的，例如與伴侶分享最近不順的事，或受到影響的焦慮、擔心、緊張、煩躁等心情。當我們這麼做，除了讓伴侶覺得「你信任我」、「你願意讓我靠近」而滿足依戀需求外，還能給予伴侶表現機會，能透過陪伴、安慰來「幫你做點什麼」，進而讓他覺得他被你需要、他在關係中是有價值的。

我見過有些人不但擔心「只要展現脆弱，就會被伴侶當弱者」，更害怕「接受伴侶的協助，等於證明自己是弱者」，加上受到「依賴伴侶的弱者，會被對方鄙視，對方會離開」這類偏激理論影響，而習慣戴著面具、穿上盔甲與伴侶相處，刻意保持心理距離。時間久了，生鏽的盔甲變得難以脫下，他們愈來愈不習慣碰觸自己的情緒，更遑論展現出來，向伴侶尋求支援。

每對情侶都是獨特隊伍，有各自的組合及分工模式，所謂關係平等並非「什麼都一樣」、「剛好都一半」，而是雙方找出都能接受且搭配得宜的合作方式。隊伍可以有主攻與輔助，且兩個角色有時可以互換。試想明明是一起組隊的隊友，其中一方總是單打獨鬥，另一方閒得發慌，也容易對這段關係產生懷疑。「有沒有我，好像都無所謂。」這個聲音將如同電影《全面啟動》（*Inception*）中，男主角植在妻子內心深處，使之旋轉的陀螺，不斷放大暈染，最後反而破壞感情。

以現實角度來說，若花費心力進入一段關係，且希望長期發展下去，卻在自己遭遇挫折、出現負面情緒時，不敢讓最親近的伴侶知道，這樣也太辛苦了。更何況，這種辛苦、犧牲反而會讓關係的安全感流失，甚至為未來發展埋下隱憂，豈不冤枉？

愛情關係除了滿足生理需求，另一個重要好處是獲取心理資源，讓雙方都擁有一座避風港。當你進入一段關係後，別忘了這個重要的功能，適度地向伴侶發出「需要支援」的訊號，讓對方可以為你做點事吧！

作法一：從關注開始

除了讓對方有回應我們的機會，我們若能給予伴侶合適的回應，自然也能為這段關係存入安全感，滿足伴侶的回應性需求。在關係當中要做到這點，其實並不如想像中困難。

首先，最簡單也最基礎的，就是給予伴侶關注。

「瑪那熊，這簡單過頭了吧？我每天都會傳訊息給對方啊。」

「不用擔心啦，對方睡前都會打電話來道晚安呢！」

「這個還需要特別寫在書裡嗎？我與伴侶同居，每天都會看到彼此啊。」

傳訊息、通電話、見面，是否就代表我們有在「關注」伴侶呢？與對方互動時，我們很可能同時也在忙著或想著其他事情，心思早已飄到其他地方。這些事情若偶爾發生，只要平常還有透過其他管道不斷存入安全感，倒也不是太嚴重。但若發生在伴侶已經發出「請支援關注」訊號時，還這麼漫不經心，就容易引發無謂的摩擦了。

「好像有點道理，但重點是，要怎麼知道對方發出訊號呀？」

這是多數人在關係經營遇到的難題之一，並非不想好好回應對方，而是不知道何時該開啟認真模式。

我們可以從兩個方向來提高「辨識率」。

平常就可以多觀察

平常就請多觀察伴侶的言行舉止與表情，每個人心情不好或需要關心時所透露的線索不同，你得在相處過程中試錯，累積經驗以形成默契。一個大原則是「與平常不太一樣」就要多加留意，例如原本滿愛講話的伴侶，今天碰面時卻顯得安靜；平時總在某個時間主動打電話，今天已經超過半小時卻仍未打來。這些都可能代表對方遇到一些非例行的事情或狀況，適合我們關心一下。

善用祕密暗號

如果你發現伴侶是個隱藏情緒高手，或是極度傲嬌，很難抓準其情緒變化、細微表情，不妨表達出「想多了解，好知道是否需要幫忙」的心情，直接與伴侶討論出只有你們兩人知道的「祕密暗號」。

我們不必當「什麼都會」的完美伴侶，實在接收不到對方的「訊號」，那就鼓勵對方增加強度吧！關係經營本就是雙方一起努力的事情，沒有誰非得完全配合對方不可。

在我們接收到對方「今天過得不太好」或「可能需要協助」的訊號後，記得將當下的注意力移到對方身上，關注伴侶、仔細聆聽對方說些什麼。如果發現真的不太對勁，可進一步給予回應。

反過來，如果伴侶本身很「木頭」，對於我們的情緒變化幾乎無動於衷，無法滿足我們的回應性需求，又該怎麼辦呢？

這時可以邀請對方聊聊，讓對方知道我出現某些習慣表情或動作時，代表的是什麼意思；另一方面，也可以主動自我揭露，例如自己當下的心情、當天遇到的鳥事。這些都有助於伴侶學會如何在我們需要的時刻，好好關注我們。

訊息偶爾已讀不回沒關係，但可別讓關係長期處在「已讀不回」的狀況下，這會讓感情不斷流失啊。

作法二：有品質的陪伴

當我們進入交往階段後，勢必得將一部分的時間、心力保留給伴侶，並投注在關係中。這是我們與任何人交往前要先有的心理建設，也是關係經營的基本功，更是存入安全感的好時機，讓愛情增加更多的親密元素。

這裡的陪伴，有兩種意義。一是日常陪伴，也就是花時間與伴侶相處、互動及約會，這對於可及性，以及第十四至十六課要講的「投入性」息息相關，是關係經營的重要行動。

如果完全不願意調整時間、生活模式，我建議就別急著進入一段愛情之中，或許更適合的是維持單身或短期的開放式關係。強行踏上某段愛情旅程，出意外時只會弄到雙方互相傷害、不歡而散。

但當我們留意到對方的狀況似乎與平常不太一樣，甚至已經主動揭露負面情緒，發出需要支援的訊號時，又該怎麼陪伴呢？

有些人認為，這時就要運用理性就事論事，趕快提供對方建議，順勢展現自己的能力。若是一時半刻難以解決或自己不熟悉的事情，就乾脆用說笑話、耍寶、搞笑、打鬧等方式，分散對方的注意力，讓原本低迷的氣氛迅速轉換，以免對方將難過、悲傷等情緒與我們連結在一起，形成一種負向心錨[18]。

聽起來好像有點道理，對嗎？很可惜，若總在伴侶發出需要支援的訊號時急著解決問題，或是轉移話題，還真的有可能「出意外」！

「怎麼會？我不是幫助對方了嗎？」

這的確提供了建議或分散了注意力，卻很可能不是多數人在愛情中想要得到的協助方式。這是因為人們在遭遇不順、出現負面情緒時，想從依戀對象（例如伴侶或知己）與非依戀對象（一般同事、朋友或是前輩）身上得到的「幫助」不太一樣。我們找一般同事「訴苦」，比較偏向尋求建議，重點是希望盡快解決問題，趕緊救火或做出決定，理性比重大；找伴侶或知己「訴苦」，則較偏向情感支持，重點是安撫自身情

18—來自神經語言學（Neuro-Linguistic Programming，簡稱NLP）的名詞，將兩個原本不相關的「物品」或「經驗」連結起來，而產生內在或行為反應。例如若總是當某人的情緒垃圾桶，之後對方看到你的時候，會自動想起之前傾訴的抱怨，並產生不愉快的負面情緒。

緒，獲取安慰與鼓勵（白話叫「討拍」），感性比重大。

因此，當伴侶分享不如意、不順遂或負面心情時，第一步並非急著給建議，而是關注並給予陪伴。

「這還不簡單？聽對方說話就行了吧，這我會啦！」

陪伴時，是「人在心不在」或「有品質的陪伴」，會影響能否順利存入安全感。前者是一種「無效陪伴」，我們雖在現場或線上，卻心不在焉，不但沒發揮「關注」，對於回應、接話也是隨興敷衍，並非真正與伴侶「同在」（Being with her/him）。這可比比人形立牌更慘，因為伴侶不僅無法得到陪伴與回應，還可能因為我們的不專心，認為我們不在乎、不重視彼此間的關係，而埋下吵架的種子。

那麼，如何給予「有品質的陪伴」呢？

陪伴的基礎功能，是讓對方在生理或心理上感受到「我的伴侶就在我身旁」。當伴侶都發出求助訊號了，請安排出一段可以好好專心在對方身上、不受其他人事物打擾的時間。至於地點，就看你與伴侶的習慣、喜好，真想不出來也可以先找幾個選項與對方確認。畢竟你只是接收到來自對方「我需要你幫忙」或「我想要你聽我說話」的訊號，還不是很確定對方要講些什麼、要怎樣的協助。如果因為時間、距離的物理限制，讓彼此難以碰面，除了文字互動，別忘了語音或通話能進一步聽到彼此的聲音，會更讓人有靠近的感覺。

「瑪那熊，那陪伴對方時，我要做什麼呀？」

好，當你問這問題時，代表你認真看待伴侶的狀況。聽對方說話時，可運用五種技巧，讓對方受到你的在乎與關心，也能先存入安全感。

放下手邊的事情

當伴侶的訴苦、自我揭露來得突然，原本我們可能在處理公務、回覆訊息，或是打遊戲、追劇，這時記得先暫停，將手機、平板或筆電放下吧！若實在無法中斷，也可以用十秒鐘的時間向伴侶說明，並告知什麼時候可以好好聽他說。例如：「我很想聽你說說發生什麼事，但有封信必須立刻回覆給客戶，請給我五分鐘，我完成後立刻打給你。」

這是個「議價」的技巧，展現出「我現在實在沒辦法停下來，但我願意盡量撥出時間」。還記得要保有彈性的界線嗎？這個技巧就是實際運用。

用眼神傳達關心

如果是當面互動，對方向你述說心事，那麼，有個很棒的傳達方式可以使用：眼神。聆聽時，看著伴侶的臉是基本功夫，這會讓對方覺得我們注意力集中、有專心在聽，光這一個小動作就能讓對方有「被支持」、「被陪伴」的正向感受。若對眼神互望感到扭捏不自在，可以讓目光在對方眉毛、雙眼、鼻頭這個倒三角區域緩慢移動，也能產生類似的效果。

身體前傾，拉近距離

平常在工作或一般社交情境，我們通常會將身體挺直、打開胸口，且肩膀稍微向後，這麼做可以營造出自信自在的氛圍，增加說服力。但成為伴侶的聆聽者時，我們可以換一種姿勢：將上半身由垂直狀態略微向前傾，拉近與對方的距離。除了聽得比較清楚，也能有效讓對方感受到我們的專心和關注。

肢體接觸，傳遞溫度

前述的身體前傾會讓兩人肢體「接近」，若對方的情緒起伏較大，還可以進一步肢體「接觸」。例如握住對方的手、搭肩或摟肩、輕拍或輕撫後背、溫柔地摸對方的頭一類。透過手傳遞自身溫度，能提供更有力的陪伴。

但要記得，此時觸碰或撫摸伴侶，必須避開容易引發性欲的部位，例如耳朵、胸膛、臀部或腰。別誤會，並不是要走柏拉圖式戀愛，這些位置的確是日常約會增加情趣的好選擇，但當伴侶遭遇挫折、不順遂而尋求支援，甚至認真表達自己的煩惱或情緒時，上下其手不但沒能提供有品質的陪伴，也無法勾起對方的欲望，只會讓伴侶想翻白眼大罵。

性愛的確能提供陪伴與溫暖，讓人心情變好。但請別在對方剛開始訴苦就急著啟動前戲。這件事還是等晚一點，伴侶情緒稍微穩定後再試試吧！

不給建議，但可以發問

在聆聽時，並非完全不能講話。若伴侶侃侃而談、主動分享，我們以專注聽對方表達的內容、觀察對方的情緒變化為主，但過程中仍可適時提出問題，讓對方透過回答來揭露更多內容。所謂的「適時」，是指伴侶說完一段話後停頓的片刻，我們可以提出自己不太清楚，或想更了解的部分（例如後續發生什麼事、伴侶如何因應），鼓勵對方繼續分享。例如：

「真的很誇張，明明是客戶自己弄錯時間，後來卻投訴說是我的問題！」（伴侶）

「咦？你們本來是約什麼時候呢？」（我方）

「上週就敲定明天要給他資料，他記成今天。」（伴侶）

「哇，那後來呢？」（我方）

「主管把我叫去質問，我只好拿出 E-mail 紀錄給主管看。上面很清楚就是寫明天。那個客戶當時信裡還寫說，如果來不及沒關係，只要先告訴他就好。」（伴侶）

「這樣，主管應該是挺你的吧？」（我方）

提問除了能讓事件更完整、知道後續如何回應對方，這個行為本身也具有「滿足回應性需求」、「存入安全感」的效果。為什麼呢？因為提問代表我們對伴侶發生的事情感到好奇，傳達出關注與在意，自然會讓對方覺得「你有在回應我」。

所以，還是回到高品質陪伴的基本功——「專注」，當我們放下手邊事物，好好聽伴侶說話，才知道要問些什麼。最忌諱只聽對方講幾句話，就立刻表達「別想太多」、「難免啦」、「不用管他吧」、「有什麼好煩惱的」，這幾句可說是地雷中的地雷，只會讓伴侶覺得我們很敷衍，根本沒有將他遇到的破事當一回事！

第13課

「來吧，我們一起想辦法。」——提供協助，成為彼此的避風港

以一般情況來說，關注、陪伴已經能為關係存入不少安全感，多數人的回應性需求也能滿足個七、八分。但我們絕對不想和伴侶只停留在「不錯的關係」，而是希望建立「穩定緊密」、「彼此是神隊友」的關係吧！

接下來這步，對於增加關係安全感有良好效果，能夠更加確定自己在伴侶心中的避風港地位。尤其是當伴侶遭遇挫折，或是在外頭受了氣時，我們應該怎麼做，才能夠讓伴侶好過一點呢？

情緒同理，感同身受

在伴侶出現負面情緒，發出求救訊號時，終極作法不是直接幫對方解決問題，而是先同理對方的情緒（然後再協助緩解問題）。而「同理」是什麼意思呢？就是指我們「能了解伴侶的心情，並彷彿親身經歷般感同身受」。

「瑪那熊，這聽起來好像很難耶，我又不是心理師。」

實不相瞞，在我多年前剛開始接觸心理諮商、聽到「同理」這個技術時，也覺得實在太難了，甚至無法想像要怎麼達到這個境界。然而從學習過程，以及擔任心理師接觸許許多多的個案、情侶經驗中，我發現「同理」其實沒有想像中那麼困難！或許這對現在的你來說，是個不習慣或較為陌生的東西，但不表示學不會或做不到。更何況你的大腦本身就內建了足以同理伴侶的「硬體」：鏡像神經元（Mirror neuron）。

人類有著「感覺神經元」（Sensory neuron）、「運動神經元」（Motor neuron），以及負責連結以上兩者的「共同神經元」（Association neuron）。然而在一九八〇年代末期，義大利的神經生理研究團隊意外在猴子大腦發現一種獨特的「鏡像神經元」，後續發現人類大腦也有這種神經元，它同時具備感覺神經元（輸入）與運動神經元（輸出）的特性，像是人體內建的鏡子，當我們觀察到一些細微線索，例如看到伴侶難過、垂頭喪氣的模樣，聽到他沒精神的聲音、提及心情低落的對話內容時，我們腦內會開啟一連串模擬、模仿反應，有助於搞懂對方的情緒。簡單來說，我們的大腦天生就有這項能力，能讓我們對伴侶的心情感同身受。

過去我也曾以為同理必須「用字遣詞感性、感人又感動」，但隨著成為心理師的時間愈來愈長、接觸個案愈來愈多後，我發現有力量的同理並不完全是文字表述多麼精準、技術多麼厲害，而是來自「態度」。

「態度」聽起來籠統模糊，到底是什麼意思呢？

專心傾聽伴侶的分享，透過眼神、肢體展現我們願意靠近、努力了解對方的心情與遇到的事情，這就是同理的第一步。在聆聽對方的處境後，我們可以試著在腦中建構出一個畫面或情境：如果我今天遇到類似的事情，會有怎樣的心情？或過往我是否曾遭遇相似的狀況，當時又是什麼心情？

對許多情侶來說，當我們試著了解對方的負面情緒時，容易被激發出「想要安慰對方」、「想要照顧對方」的動力，並且付諸行動（例如會忍不住想抱抱對方、握住對方的手，或倒杯水給對方）。因此，與其急著理性分析、滔滔不絕指導對方，不如先認真聽對方說，關注對方的表情與聲音。接收到伴侶的負面情緒線索後，我們大腦的鏡像神經元會動作，很可能自動「感同身受」，並提供安慰。

「那如果我就是很難理解別人的心情，怎麼辦？」

「我個性就很大剌剌，遇到很多事情真的都覺得沒什麼、沒差啊。」

「雖然看到對方難過的表情，但我還是不懂為什麼要這麼在意耶。」

或許你腦中開始出現這些困惑，這並不代表你「有問題」或「很不好」。因為過往的成長環境、性別刻板印象，或不鼓勵表達情緒的觀念等，連帶讓不少人對情緒感到陌生。當自己產生情緒，或看到別人有情緒時，習慣忽略當沒看到，或是趕緊轉移注意力。

隨著時代更迭，我們也該隨之進化。要「感受且理解對方的情緒」，首先可從「多認識並接觸自己的情緒」開始。不妨嘗試記錄生活中的事件，以及引發的情緒與強度，最後也寫下每個情緒背後的想法，這有助於了解自己的感受，以及這些感受到底從何而來。這同時也能提升ＥＱ（Emotional Intelligence Quotient），對關係經營有非常重要的幫助。

你可以如下一頁簡單畫下空白的紀錄表，在日常生活中練習。

讓伴侶知道我們的感同身受

完整的同理，其實有兩步驟，一是先理解對方的心情，並感同身受，二是讓對方知道你正在做這件事。能做到第一步驟的你已經很棒了，但真正能滿足回應性、存入

瑪那熊的情緒紀錄練習

發生什麼事？(情境)	我當時做了什麼？（行為）	當時的心情感受？(情緒／強度)		當時想到什麼？(認知想法)
時間：週五晚上 地點：約會餐廳 有誰：伴侶、店員 事件：餐廳店員上錯菜，導致我和伴侶吵起來	看到餐廳店員上錯菜，我因為很餓，所以口氣滿凶地抱怨。伴侶覺得我不應該用這種口氣對店員講話。	錯愕	90	伴侶竟然沒有站在我這邊，當下有點尷尬。
		生氣	60	為什麼伴侶沒有站在我這邊，反而幫外人講話？
		失望	30	想不到伴侶沒挺我，原本以為他很支持我。
		擔心	30	伴侶會不會覺得我脾氣太差，不適合走下去？

※ 情緒強度從 0 到 100，數值愈高，代表心裡那項情緒愈強烈，即使沒有表現出來。

安全感，還得加上第二步驟才行：讓伴侶知道你感受到他的感受。

「讓伴侶知道你感受到他的感受」到底是什麼意思呢？首先，透過練習與經驗累積，我們愈來愈能「聽懂」、「看出」、「猜到」對方可能的心情感受，接下來，得表達出你「懂了什麼」、「看見什麼」、「猜測什麼」。

這麼做可以與伴侶核對「他的心情」與「我以為的」是否相似或一致。我們是命中靶心？猜中八成？還是根本誤會對方？這將讓我們更加了解伴侶的狀態，以及提升下次的命中率，給予更合適的回應或安慰。

這麼做也可以讓伴侶感受到，我們正用心地傾聽與靠近他。多數人喜歡被理解、被看見，尤其當眼前的人是重要的依戀對象時。「你真的懂我」、「我們好有默契」、「頻率有對上」這些想法，會為關係存入大量的安全感，並使得伴侶更緊抓這段關係。當我們有著能勾起對方激情與欲望的魅力，同時又是個能同理對方心情的避風港，自然會讓對方更投入關係之中。

那麼，我們該如何「展現我懂你的心情」呢？有三個技巧可以使用：

表情跟隨

網路上有些文章推薦一種「鸚鵡學舌」技巧：當對方說了一句或一小段話後，我們重複最後一句。我的建議是，偶爾重複無傷大雅，可別每一句話都完全照抄，真的變成一隻鸚鵡，反而讓互動顯得怪異。

相比之下，表情的重複（我喜歡以「跟隨」稱之）就是相當好用的技巧了。想像一下，若我們和伴侶談著開心的事情，對方卻嚴肅臭臉，還會想講下去嗎？反之，當我們說著自己未能如預期升遷的挫折，對方出現難過或可惜的表情，相信當下會讓我們覺得「有人與我站在一起」，原本的負面情緒因此感到些許舒緩。所以，聆聽伴侶自我揭露時，請觀察對方臉部變化，在「好像感受到對方的某個心情」後，讓自己做出相似的表情。

模糊字詞

「你一定很難過！」

「你聽了絕對超生氣！」

「你心情肯定超差的啊！」

有些人在嘗試同理時，會說出這樣的肯定句。這些句子包含了「斬釘截鐵」與「強烈情緒」兩個元素，其實有很高的風險。

斬釘截鐵是指「你一定」、「絕對」、「肯定」這類一口咬定的猜測，若把話講這麼滿，等於一翻兩瞪眼，甚至讓伴侶有種「你在亂猜」、「你不懂我」的負面感受。

強烈情緒則指大量使用「很」、「非常」、「超級」之類的副詞、形容詞，不僅強化了猜測的情緒，也容易引起聽者的抗拒而否認。因為在華人文化中，「強烈情緒」較不被鼓勵。此外，使用的情緒字詞太激烈，就像是為對方的情緒添加柴火，讓它燒得更旺。雖然在某些諮商情境中，心理師可能刻意強化、激發個案的情緒，使之表達或宣洩，以產生新的覺察，但畢竟此刻我們的角色是「伴侶」而非心理師，對方發出訊號尋求回應，是期待自己的情緒被接住，穩定下來，而非進行諮商晤談。所以我們用這類強烈情緒的字詞，很可能會造成更多難以預測的後果，搬石頭同時砸了自己和伴侶兩個人的腳。

因此，我建議透過模糊但萬用的同理句，來表達對伴侶心情的關注。這種同理句型由軟性猜測、模糊情緒、句尾問號三個元素組成。

軟性猜測，就是斬釘截鐵的相反，請務必記下「同理四寶」：**好像**、**應該**、**可能**、**感覺**。這能展現我們想辦法靠近伴侶的心靈，但又不是自以為地瞎猜。

模糊情緒則是不使用強烈或極端的情緒字詞，改選擇較有容錯空間的情緒、感受字詞。這裡也請記下「情緒四寶」：**不舒服**、**怪怪的**、**有壓力**、**不太好**。如果評估對方目前情緒程度較高，那還是可以搭配副詞，像是「滿不舒服」、「很有壓力」。雖然是強烈的字眼，但放在模糊的情緒字詞前頭，仍可大幅降低對方的抗拒或否認。

又如果你基於平常的觀察，自認很了解伴侶此刻的情緒，也可以用明確的情緒字詞取代前述的模糊情緒；但記得前面加上「有點」、「一些」，同樣能減少抗拒，避免火上加油。例如「好像有點生氣」、「應該會有一些煩躁」。

句尾問號又是什麼呢？這是指用問號來結尾，將整個句子改造為「類疑問句」。請記下「問號三本柱」：**吧**、**哦**、**耶**。記得聲音要稍微上揚、輕聲，才能達到「我好像有點感受到你的心情，但也不是那麼肯定，所以想與你確認一下」的態度。

軟性猜測加上模糊情緒，再加問號的這種句型，讓我們可以提出自己的猜測、同理，但並非肯定對方一定如此，而是保留讓對方回應、修正的空間。

來看幾個排列組合的範例吧：

「你聽了應該會滿不舒服的吧？」

「感覺你心情真的不太好哦？」

「我覺得你最近應該滿有壓力吧？」

「我猜，你可能覺得有點不舒服哦？」

「那你想起來，可能會覺得怪怪的吧？」

「當下應該會覺得滿怪的耶？」

同一陣線

最後再加碼一個技巧，就是向伴侶強調「我站在你這邊」。其實能做到前面的同理表達，多數人已經會覺得「你懂我」、「你與我是同一國的」了。如果想進一步給伴侶心理支持，也可以再「補刀」以強化效果，但有個前提，就是要真心認同對方的想法與情緒。如果我們心裡其實不這麼想，或是和伴侶並沒有相似的心情，千萬不要勉強自己表現出同一戰線的模樣。

請注意，我們可以和伴侶抱持不同的想法、感受，因為兩個人本來就是獨立的個體。即使如此，我們仍然可以透過前述的技巧，表達「雖然我不這麼認為，但我還是關心、在意你的感受，而且想要陪伴你」。有各自的觀點和心情，與能否滿足對方的回應性需求，兩者是不相衝突的。

表達同一陣線的例句，像是：

「要是我被這樣說，應該也會覺得不高興。」

「我聽了也感覺有點生氣耶。」

「如果是我的話，當下也會和你一樣不開心。」

「他們做的事，如果是我遇到，也會覺得不太舒服啊。」

但請記得，我們展現的情緒不要比對方還誇張，若情緒字詞與和伴侶的真實情緒落差太大，很難達到同理的效果；再者也可能將對方的情緒燒得更熾烈，不易收拾。

NG的表達長這樣：

「要是我被這樣說，也會覺得有夠不爽！」

「我聽了超火大耶！」

「如果是我的話，當下應該也會與你一樣氣炸了！」

「他這樣真的非常惡劣，根本該死！」

除了字詞不要太激烈、極端，聲音語氣、表情、肢體也記得別太誇張。我們同理伴侶，目的是要接住、安撫、穩定其負面情緒，而非讓波動更加劇烈。所以我們展現出來的情緒，要比伴侶表露出來的少一些。簡單來說，如果伴侶有些啜泣，你可別自己哭得比他還誇張！又或者伴侶在抱怨某個人事物時，你也不要髒話連發，比當事人還氣！

唯一的例外，是當「伴侶被欺負、受到很大的委屈」時，我們可以稍微強化同一陣線的表達，這能讓伴侶更明確感受到「我的另一半很挺我」。例如：

「聽到他們這樣對你，我拳頭都硬了！」

「主管這樣說你，根本沒搞清楚狀況嘛！」

說出這些話時，你可能會自然地搭配一個溫暖的擁抱。不過心底也可能產生一絲疑問：「難道光是傾聽、同理就夠了嗎？這樣問題並沒有解決吧？」

分享經驗與協助解決

上一課，我們提到「不要急著」給建議，但並非「不要」給建議。安撫伴侶，幫對方沉澱、穩定情緒後，接下來可以進一步針對「事件」處理，協助伴侶為困境找尋解決方法。那些憋著很久、一直想講的「建議」，總算可以派上用場啦！我們此刻的任務轉為：從自己的經驗或知識，思考可行策略，並與伴侶分享。

這麼做，除了可以協助伴侶實際處理問題，同時也能讓對方看見你的能力、歷練與成熟，再次提升你在伴侶心中的形象與價值。不過表達自己的看法與建議時，也不能毫無限制、口無遮攔。我們有三個技巧可用：

具體可行

我們給出的建議，要貼近伴侶目前的狀態或限制。例如伴侶下班前突然被主管要求撰寫一份報告，而且明天中午開會就要提交，這讓他焦慮值爆表，同時也有點生氣主管這麼臨時塞工作給他。

「沒關係啦，你就隨便寫寫就好。」

「主管真的很爛耶，你乾脆辭職算了。」

「這種公司實在沒有繼續待的必要，換個工作也不錯啊。」

這些「建議」通常不會被聽進去，反而還會被認為敷衍、唬爛、只會出一張嘴講空話、沒有考量到現實狀況、好高騖遠或亂畫大餅。所以，想給伴侶建議時，請開啟理性開關，好好地思考、評估、規劃，用步驟或階段的架構去協助伴侶解決問題。

在同樣的情境下，我們可以先問伴侶：「那你今天晚上還有其他事情要忙嗎？」整理出可工作的時間，接著開始分配。例如：「先花一小時查找資料，然後再用兩小時整理撰寫，最後一小時製作簡報，這樣你覺得OK嗎？」

同時，我們也可以提供自己的資源來協助，像是：「那今天先不煮了，我去買個晚餐回來，你簡單吃一下。」「洗碗和原本要晾的衣服，我來處理。你在房間專心工作就好。」或是：「你預計在公司留到幾點呢？我會去接你，不用擔心。」「我之前有找到一個不錯的簡報檔案可以套用，等一下傳給你。」甚至：「我還有庫存的 Red Bull，要先來一瓶嗎？」

如果伴侶的煩惱是短時間難以解決的，例如家人間的愛恨情仇、同事間的相愛相殺、對自己未來的茫然害怕等，又怎麼辦呢？

我們可將焦點放在「如何讓現在或最近可以好過一些」。記住我們的角色是補血的隊友，而不是要「完全幫伴侶解決這個困境」。因為這些是伴侶自己的人生課題，讓伴侶去面對他自己遇到的問題，我們在旁支援輔助，才是讓關係長久的策略。千萬別走

「放著讓他自生自滅」或「總幫他把事情都做完」兩種極端路線。

分享經驗，並非要對方照做

當我們給予伴侶理性建議或分析時，宜用分享、提供參考經驗的態度，而非灌輸想法，要對方「聽我的就對了」、「你該照我說的去做」。我們給的是建議，而非指導，甚至命令。給建議讓我們成為可依靠又能信任的隊友、夥伴，但強勢指導或命令對方，則會讓我們變成討人厭的主管、老闆！

有些人習慣在伴侶面前一直展現出「自己很厲害」的霸氣，或用「主管對下屬」的姿態，誤以為這樣才能吸引對方。因此當伴侶遇到困難、發出求助訊號時，會讓他們在心中大喊「我好興奮，我好興奮啊」，認為這是展現自己智慧權謀的良好時機，開始滔滔不絕講著自己的輝煌過去，當初如何克服困境、逆轉反殺，長篇大論後再補一句「照著做就沒錯」的「相信我之術」。

然而每個人的困擾或煩惱即使相似，也未必能用同樣方法處理。更何況，我們可能還沒能了解伴侶所遭遇事件的全貌，提出來的建議不該當成「真理」或「唯一解」。更重要的是，若總用這種高高在上態度和伴侶「分享」看法，彷彿是在告訴對方：「我看你完全是不懂喔！」「你那個方法就是遜啦！」同時也容易讓伴侶感到「他好像覺得我比較差」、「是在說我很糟，怎麼連這個都不會嗎？」」，任誰都會感到不舒服。

因此，給建議務必「理直氣和」，將自己的想法與解法提供給伴侶「參考參考」，至於對方要不要採用，那是他的選擇。別忘了，這也是界線的一部分，我們不需要什麼事情都負全部責任。

穿插肯定與讚美

在陪伴、同理或給予建議時，我們還可以結合肯定或讚美技巧，從對方描述中找出做得不錯之處，好好肯定對方一下。如果一時半刻真找不到對方有什麼表現好的行為，也可以從伴侶想努力、願意嘗試，或認真反省的態度切入。

「肯定」指的是比較簡單、正向的回應，不需太冗長或明確，只要透過概括性的短句子來表達認可就行。例如「感覺你滿認真」、「聽起來你處理得很仔細」、「真的很用心」一類。

伴侶的情緒較為穩定後，我們除了肯定，還可以給予「讚美」。兩者的差異在哪？前者比較簡單、模糊，屬於概括性短句；後者較為完整、具體，屬於描述性長句，清楚表達伴侶「好」在哪裡，到底「什麼」很不錯。簡單來說，讚美的基本句型就是包含了「肯定」和「原因」。例如：

「你真的很積極，也很有拚勁（肯定）！雖然知道這案子很困難，但你還是決定接下來（原因）。」

「聽到客戶說出這種話，你當下還能禮貌回覆，沒有理智線斷裂（原因）……我覺得真的滿厲害（肯定）！」

「你這幾年花不少時間在照顧家人呢（原因）！我真心覺得很不容易（肯定）。」

當然，要給出這種比較完整的讚美，我們得先好好觀察對方，並了解事件全貌，才能找到伴侶「不錯的地方」，並發自內心表達敬佩、認可。陪伴與安慰之餘，真誠的肯定或讚美，對處在低潮或被負面情緒環繞的伴侶來說，會是個非常好的支援，這自然也能滿足對方的回應性需求，為關係存入更多安全感。

總結來說，當伴侶難過訴苦或抱怨時，別害怕去接這個球。因為這是個讓關係更緊密、更靠近的絕佳機會，同時也代表伴侶對我們的信任與依靠正在增加，所以嘗試坦露他自己一部分的脆弱及負面情緒。

遇到這種情況，我們回應基本原則是「先拍拍，後解決」，先安撫情緒、展現陪伴或肯定，讓對方感受到有個隊友真好。再來才是共同發想或給予建議，輔助對方解決遇到的困擾。

第14課

「我對感情很認真！」——建立默契，讓對方相信

當我們抱著長期發展的期待，進入一段感情關係時，自然會在意對方是否與自己一樣，願意投資心力、時間與精神來經營眼前的愛情。我們是被定位成相互扶持、彼此依靠的重要伙伴？或是個短期打工仔，暫時陪伴對方撐過某段過渡期？甚至只是填補對方生活空檔的替代品？你想必不希望遇到後兩者的狀況。其實，伴侶也會有同樣的疑惑與擔心。

人們習慣在與伴侶的互動中蒐集線索，來評估眼前這個人「是否認真」，或用更白話的說法：「是否真的愛我？」而這就是「投入性」的基礎。

就我的經驗來看，投入性需求是三個依戀需求當中最容易讓人感到「滿足與否」的需求，只要花些心思準備，可以讓伴侶明顯感受到「投入」，為關係存下安全感。

更棒的是，滿足投入性需求的好處，不只能給予安全感與親密感，它也與激情、欲望、性愛這些較為浪漫、刺激的愛情元素息息相關。搞定這個需求，能讓關係維持熱戀的感覺，即使交往時間拉長，甚至結婚後，仍幫助愛情充滿火花。最簡單的，就從「建立默契」開始。

建立默契：你懂我的心

網路上的鄉民常開玩笑，說情侶雙方各自都會有過去的一些小祕密，然而要讓感情更好，我們並不需硬挖對方過往的小祕密，而是共同創造互動中的小默契。

這種默契是你們兩人才知道的一些習慣、細節，同時也是外人不得而之、不明所以的祕密。這種默契會加強雙方對關係的凝聚力，形成更穩固的隊伍，又因為具有可預測性，可達到「降低不確定與焦慮感」的效果。

「瑪那熊，這聽起來很簡單，但平常沒事要怎麼培養默契呢？」

我提供三個簡單好用的默契建立方向：

取綽號

「取綽號」是非常好用的技巧。不論你在約會階段是否用過這招，交往後都該持續使用。取綽號是讓雙方透過「只有兩人才知道的暱稱」來製造親密感，並展現出「你對我來說很特別，我在你心中很獨特」的浪漫氛圍。

因此，你得在互動中幫伴侶取個綽號，而且要與別人平常叫他的方式不同，才有獨特性，例如萬用的「寶貝」、「北鼻」，畢竟我們的角色是「情人」，不是同事、朋友、好姐妹或好兄弟。此外，若伴侶沒有幫我們取綽號，我們也可引導或慫恿對方這麼做，這才叫建立默契，而非單方面一頭熱。

取綽號並不難，綽號更可以是複數的（例如「北鼻」可能變形成「阿鼻」）。隨著交往時間拉長、互動更加頻繁，取新的綽號可為關係注入新鮮感，這可是維繫熱度非常重要的元素。

如果臉皮比較薄，或雙方的熱度還沒到這種程度，可以用對方的名字或原本綽號來改良。以「瑪那熊」為例，改成疊字可以叫「熊熊」，前面加上「小」或「阿」就變成「小熊」或「阿熊」，以「仔」或「寶」結尾就是「熊仔」或「熊寶」。如果喜歡老派約會路線，或本身熱愛武俠文學，那與伴侶來個「熊哥哥」與「〇妹妹」（自行填空）、「熊兒」和「姑姑」互稱也不是不行。

觀察生活習慣與細節

只要知道對方的小習慣，就能在互動中做出合宜的反應。這其實與多數人對「有默契」的想像較為貼近，可以透過平常觀察，記住對方的喜好、習慣、行為等細節，並在相處時展現出來。簡單來說，多留意伴侶的日常模式與細節，在相處時化為行動展現，對於增加安全感是很有幫助的。例如：

了解對方愛吃與討厭的食物。這是約會基礎，讓彼此可以開心吃一餐。

對方有偏好的口味類型、吃法或喝法嗎？例如買飲料給對方時，了解對方喜歡幾分糖、冰塊量，可展現你的細心。有人喜歡甜一點的巧克力，有人愛好苦一些，送巧克力是老招，但搞懂對方偏好的巧克力就是雖老派而有效的高招。

觀察對方喜歡的元素，在約會時可以成為一個好話題，例如當對方穿得比較不同於以往時，可以說一句：「你今天穿得滿特別耶，之前沒看你穿過！」這會讓對方感受到我們的默默留意。而且平常多注意伴侶的外型，也能避免當對方突然問出「你覺得我今天哪裡不一樣」時當機。

此外，若約會有逛街行程，當對方問「哪一件比較好看」時，善於觀察的你，就不會只回答「都好」、「都適合」，而能夠說出適合與否的理由、原因。

總結來說，平日留心觀察，可以製造出讓對方驚呼「你竟然記得這個」、「你怎麼知道」、「你真的很懂我」的契機。除了創造出驚喜感，還能讓對方深刻感受到「另一半真的很用心」、「他很重視我」、「好在乎我喔」。這就是投入性的一環，用以增加彼此的安全感，同時因為互動更順暢，也對關係中的激情與熱情大有裨益。

找出折衷方案

當我們觀察到許多生活或個人細節後，是否該在互動中配合對方、投其所好呢？以常見的飲食習慣來說，如果伴侶明明對甲殼類過敏，但在吃火鍋時，我們還點一大堆蝦子倒進去；或對方從小就不吃牛肉，我們卻一直帶對方走訪台南牛肉湯名店，這些都會讓對方覺得「不用心」、「沒把我的事放在心上」，甚至感到「這也太直男／直女又白目了吧」，自然無法滿足投入性需求，並流失安全感。

這麼說，難道我們得「處處配合伴侶」嗎？其實，在愛情中出現「雙方觀念或習慣不同」的情境，是相當正常的，若採取「應該由我主導」或「我最好都順從伴侶」這兩種策略，反而容易破壞關係。

我們仍可以和伴侶去吃火鍋，但不妨先煮對方愛吃的肉類與其他食材，最後自己再爽嗑蝦蟹。同樣可在旅行時安排幾家牛肉湯名店，但先做點功課，看該店還有什麼是伴侶能吃的；或先帶伴侶去其他店家吃點東西，再請對方陪你到名店喝碗牛肉湯。

「協調」代表我們不會只顧自己，也會考量伴侶。什麼事都堅持己見不叫有界線，而是固執難搞、自我中心、難相處。協調也是我們向伴侶展現「對關係的重視」，對滿足投入性需求有巨大幫助。當我們不強求個人的滿分時，才能讓兩人的關係邁向滿分。

至於「任何事情都直接順從對方」，這是另一個極端的策略，對愛情的破壞性不亞於「什麼事情都要對方順從我」。例如對方一說不想吃海鮮，我明明超想吃，卻完全不碰；難得的旅行，我眼睜睜看著牛肉湯名店過而不入，最後抱著滿滿的遺憾回家。這麼做的壞處是會不斷累積怨懟，覺得不公平、不甘心（實際上是本身沒有爭取、無腦順從），一段時間後直接爆發大吵；也可能因為積壓不滿，於是開始向外發展；或放著讓關係變淡，默默結束。

另一個隱憂是，當我們毫無界線，不敢表達主見與想法，其實反而會讓我們在伴侶心中的魅力及價值不斷下降。或許暫時滿足了對方的投入性需求，積攢了一點安全感，但別忘了，個人魅力與安全感需相輔相成，雙線並行。

因此，協調的功課可不是自己做而已，也需鼓勵伴侶一起來。需要對方也略做調整時，請帶著彈性的界線和對方討論，別自己表面配合，但其實悶在心裡不爽。更何況伴侶可能根本不知道我們在意某件事、某句話。

務必記得，所謂的神隊友，不是一方完全順從另一方，也不是無論對方做什麼都一味拍手叫好，而是雙方建立彼此都能接受的默契，互相擊掌。

第15課

安逸躺平，幸福遠離？——成爲製造驚喜的送禮高手

當交往時間拉長，大量互動相處讓雙方愈來愈了解彼此，兩人間的默契也逐漸增加，累積了許多安全感，是舒適、自在而穩定的關係。但這也代表很多事情愈來愈可預期，缺乏驚喜與變化。原本的浪漫被柴米油鹽醬醋茶取代；原先約會精心打扮，現在隨便穿著運動服出門；原本熱戀期那種興奮、激動、每天都想碰面或纏綿在一起的浪漫會逐漸降低。這種轉變代表情侶陷入了「安逸感」的陷阱，容易造成關係中的激情以及對彼此的欲望開始大量流失。

安逸感從安全感發展出來，卻截然不同。

安全感來自我們對於伴侶、關係的信賴和依靠，感到被接納、陪伴、重視、理解與照顧，是長期關係經營不可或缺的重要元素。

安逸感則是在安全感足夠後，出現「這樣關係就能長久維持下去了」的心態，覺得不需要再做什麼努力，只要維持現狀，甚至偶爾偷點懶也沒關係吧？心裡想著「都交往這麼久了」、「反正對方也沒說什麼」，於是在自身魅力經營或雙方互動上開始怠惰、耍廢。原本的休閒娛樂、運動習慣或學習進修，現在都變成躺在沙發上追劇；原先常規劃約會，也常一起聊天，現在雙方都窩在家裡滑著手機，不太交談。下一頁有個安逸感評估表，可用來判斷你與伴侶是否掉入安逸感陷阱。

掉入安逸感陷阱之中，這段愛情很可能退回友情，雙方從熱戀的情人降為住在一起的室友，也可能轉變為只靠承諾或道德維繫的空洞愛情。這時如果有另一個人能夠帶來熱戀時期的心動、刺激、浪漫、性的欲望等，那你們自然很可能各自向外發展、劈腿無縫。

那該如何避免安逸感攪局，並延續雙方的熱戀氛圍，不讓激情消退太多呢？安逸感來自倦怠、不重視、缺乏變化、容易預測、習以為常，核心根源就是「膩了」。對同樣的約會膩了，對一成不變的相處膩了，對固定模式的性愛膩了，對總是如此的伴侶膩了。

因此，要讓愛情保持熱度方法很簡單，就是跳脫並升級日常、製造驚喜，用新鮮感取代安逸感。

如何製造驚喜？簡單來說，驚喜是我們所做或提供的（即對方所接收或得到的）

安逸感評估表

請回想你們最近的互動，以 1 到 5 分來評估每題描述的符合程度。分數愈高，代表愈符合；分數愈低，則愈不符合。

相處狀況	分數
我們最近一個月很少約會，或很少碰面。	
我們最近約會通常是去同樣的地方（餐廳、住處）。	
碰面時，我們大多是各做各的事，沒什麼互動。	
約會時，我其實滿懶得打扮／化妝／整理頭髮。	
約會時，伴侶愈來愈少打扮／化妝／整理頭髮。	
我覺得這段感情大概就這樣了吧，也不會有什麼變化了。	
反正這段感情很穩定，所以也不用刻意多做什麼。	
交往前的個人休閒興趣，現在大多沒在進行了。	
我覺得我們的互動與以前比起來，愈來愈簡單平淡。	
我們接吻、愛撫、性愛的頻率愈來愈低。	

總分	安逸程度
40 分以上	你確定你們還在交往嗎？雖然名為「戀人」，但很可能對方已經認為你是「室友」或「比較熟的朋友」了。請務必熟讀這一課，嘗試在互動中做些改變吧！
26 到 39 分	你們的愛情有邁入衰退的風險，雖然仍有互動，但熱度已明顯比過往降低很多了，若持續惡化下去，很可能成為室友，或其中一方會想找其他對象，請留意這一課的提醒！
16 到 25 分	或許因為交往還不久，或是你們都有默契努力經營這段愛情，所以關係的熱度仍維持得不錯。但千萬別因為這分數反而開始「安逸」，請參考這一課的方法繼續製造激情吧！
15 分以下	你是來放閃的吧？這一課的方法，你該不會都用過了吧？

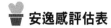

超過對方原本的預期程度。當然，這指的是「會讓對方喜歡、感到愉悅的事物」，也就是在正向期待之上加碼，才會驚喜。反之，如果對方的正向期待落空，甚至得到的是負向結果，那可不叫驚喜，而是驚嚇、失落、失望，還可能引發生氣、憤怒等情緒。

當我們認真規劃驚喜、留意相處細節時，正是透過這種儀式感來傳達自己對關係與伴侶的重視，不但滿足投入性需求、存進安全感，也為原本平淡的關係、例行的日常創造變化，燃起激情的火花。

當然，這些事並非一個人要做完。我們的目標是邀請伴侶一起透過本書的方法，共同經營關係。可以示範給伴侶看，並引導對方加入。畢竟關係經營是雙方的責任，只靠一邊努力，是吃力不討好的啊！

製造驚喜最常見的方式：送禮

雖然經濟學家瓦德佛格（Joel Waldfogel）[19]認為「送禮」這行為從客觀上來看容易出現「浪費」，偏偏送禮算是情侶們在交往過程中的「標配」，我們期待透過送禮，與伴侶有更緊密的連結。

然而送禮這個行為是有技巧的，送對送錯，產生的效果自然也有所不同。情侶間的送禮和送同事、朋友也不太一樣，如何「送到對方心坎裡」呢？

有意義的禮物，比貴重禮物更有用

在商業廣告的推波助瀾下，很多人以為禮物愈貴愈好，送高價品才能展現心意，代表自己很重視對方。史丹佛大學商學院教授佛林（Francis J. Flynn）研究發現，「送禮者」的確習慣選擇貴的禮物，以為對方會因此滿意，然而實際上，「收禮者」並不這麼認為。[20]

簡單來說，「送愈貴，對方愈高興」的想法是我們過度詮釋，收禮的伴侶未必會真的因高價而較開心。除了廣告洗腦或「大灑幣就能製造好感」的刻板印象，「價格決勝負」也是一種簡化的送禮策略，讓我們在挑禮物時「反正選貴的」，心裡比較輕鬆。

我想先提醒的是，不要一開始就把自己綁在「只能送昂貴禮物」限制中。請在日

19 — Waldfogel, J. (1993). *The Deadweight Loss of Christmas.* The American Economic Review, 83(5), 1328–1336.

20 — Flynn, F. J., & Adams, G. S. (2009). *Money Can't Buy Love: Asymmetric Beliefs about Gift Price and Feelings of Appreciation.* Journal of Experimental Social Psychology, 45(2), 404–409.

常的相處中多留意對方的喜好，或對方最近的狀態會否「剛好」很需要什麼東西。比起砸錢輾壓，選了對方需要或想要的物品，才是真正的用心。

所以，請以「對方的需求與喜好」為主軸，再搭配個人的品味與猜測，來挑選送給伴侶的禮物。例如想送對方一個比較好的包包，若伴侶是實用主義者，加上工作、出門時總是東西一大堆，全皮革的包包可能就會太重、不舒服。又或伴侶個性比較低調，有著明顯標誌的名牌包在他眼中反而不想拿，限量款或工作坊手工製作的特殊包包，深受其喜愛的機率反而較高。

要能選到好東西，與經驗息息相關。多逛街、多接觸，一方面有助於發現可以加入「送禮清單」中的好物，另一方面也能提升個人的品味及美感。網路資訊的便利也讓我們可以先搜尋相關訊息，再親自到店面體驗實物，逐漸縮小挑選的範圍。

此外，有些東西的確是一分錢一分貨，偶爾在重要時刻提高預算，並且結合後面「說故事」的技巧，就能達到良好的驚喜效果。

分享禮物背後的故事

「送禮」若只是將禮物交至對方手中，然後說「謝謝」、「不客氣」結束這回合，實在太空虛且悲摧。要將禮物的功能發揮到最大，好好滿足投入性需求、存進安全感、引發浪漫與激情，那就需要順勢分享這禮物背後的故事。

怎麼做呢？很簡單，只要用「4W1H」即可。

- What：簡單說一下這禮物是什麼。注意，並非充當人體說明書，而是介紹一下這東西的「特別之處」。例如：「這條圍巾是百分百羊毛的喔，滿好攜帶而且又保暖。來，你試試看。」（幫對方圍上）
- When：分享何時決定要送這個、什麼時候去買的，用時間序展現準備禮物的過程，讓對方覺得我們是用心挑選，而非臨時抱佛腳隨便亂挑。
- Who：若購買禮物的過程有發生些趣事，像是被誰推坑、與店員的互動等，也可以分享。例如：「去店裡時，原本想買一般混紡的款式，但櫃姐拿出了純羊毛的讓我試圍，真的更保暖耶，所以決定改買這款。」
- Why：若買禮物的過程平凡無奇且枯燥，「為什麼要買這東西」的理由就請務必多加著墨，因為這是展現心思的機會。送禮時，讓伴侶看見我們挑選這禮物的理由吧！例如：「上次寒流來，你不是感冒嗎？所以想送你一條比較好的圍巾，當我不在身邊時，也能讓你暖暖的。」「我記得你滿怕冷，我試圍了好幾條，覺得這條最保暖，所以就選它了！」「你冬天的衣服比較偏深色系，我覺得這條奶茶色的圍巾很適合當配件。」

● How：送禮時，將前述三個「W」整合起來，就成了「How」，意即分享「我是怎樣挑中這個禮物」的過程。可能是觀察某個人事物，或剛好看到、聽到了什麼，幾經思量後覺得很適合伴侶，所以花了點心力尋找類似的東西，最終選擇這個禮物並送出。

誰說只有節日才能送禮？

我們生活在一個到處是廣告的世界，很容易被說服西洋情人節應該送禮物、七夕情人節應該送禮物、生日應該送禮物、交往紀念日應該送禮物、聖誕節該送禮物還該吃大餐……在特殊的日子送禮，當然有儀式感，但當它們變成理所當然、可預測的事情時，就會讓儀式感帶來的驚喜效果愈來愈差。

該如何逆轉這種情況呢？

一方面是用心挑選禮物，且這禮物未必是物品，也可以包括「活動」或「體驗」，另一方面是，未必得在這些節日才送禮！每次都是情人節送東西，重複幾次容易了無新意。既然要跳脫日常，那在日常中送禮，不就正好能創造出驚喜嗎？

「但，平常要用什麼理由送禮物呢？」

送禮之所以重要，是它可以成為增加互動與情趣的元素，即使沒有什麼「正當」

的理由，甚至就是當下看到那個東西想送給伴侶，也是OK的。當我們真心喜歡一個人、願意認真投入關係時，「就想送給你」、「我猜你需要」、「感覺是你會喜歡的」、「覺得很適合你」等「理由」，我想已經足矣。

所以，若平日剛好看到什麼東西想拿來當禮物，就送吧！不須非得在特殊節日才大肆表現。在忙碌疲憊的日常突然收到禮物，這就是種驚喜。

「體驗」也可以是禮物

送禮並非只能限制在電子產品、服飾配件、食物、花卉、紀念品、手作禮物之類的「實體物品」上，也可以是「某種經驗」或「體驗過程」，意即這份禮物是與伴侶一起（或幫助伴侶）創造某個回憶。

例如伴侶很喜歡宮崎駿動畫，幾乎每一部都如數家珍，所以你買了兩張「宮崎駿經典動畫音樂會」的門票當禮物，與對方一起前往欣賞演奏。

又或者，你買了「無光晚餐」的門票，當天神祕兮兮地說要帶伴侶吃飯，對方狐疑地一起前往，直到進入餐廳才知道是在一片黑暗的環境中用餐，兩人試著合作享用美食，餵對方吃東西，猜測入口的到底是什麼。你甚至還事先點了歌，在用餐過程中隨著音樂旋律，一起回憶過往的點滴甜蜜。

即使是送實體禮物，也可以透過巧思讓「過程」成為禮物的一部分，而非單純交給對方。體驗整個購買的過程，或是享受店家的服務及種種細節，有時會比直接「拿出東西贈與對方」更有驚喜感，也讓這個禮物更有回憶點。

例如伴侶喜歡日本動漫，很好奇《夜王》裡三不五時出現的「唐百利」[21]到底有多厲害。你可以事先與慶生用餐的餐廳安排好，當伴侶喝下高腳杯裡的香檳後，再請服務生將酒瓶放在桌上，揭曉答案。

如果對方要求高價禮物，怎麼辦？

「瑪那熊，女友每次過節都會要我送她指定的禮物，這樣會不會很怪？」Hunley 一臉困擾地問我。

「是怎樣的禮物呢？」

「去年生日是 Gucci 的迷你托特包，今年二月情人節是 Hermes 絲巾短夾，七夕是 Cartier 玫瑰金耳環，然後下個月生日，她說想要 Chopard 的手錶……」

「那你聽到女友指定禮物時，都怎麼回應呢？」

「還能怎麼辦？只能買下去啊。」眼前這位工程師雖然收入頗高，仍露出無奈的表情。後續的晤談中，他分享更多與伴侶的摩擦、紛爭，雖然過節時總有著看似浪漫的大餐、禮物，但雙方的關係絕不穩定。

用禮物來製造驚喜、滿足投入性需求是一個方法，但請先留意四個原則：

偶爾或不定期送

若太過頻繁送禮，那麼這種驚喜將不再是驚喜，而變成普通的「日常」。另外，如果習慣在每次過節、紀念日都送高價禮物，那也會變成一種可預期的事情，自然少了新鮮感。更可怕的是，這種高價禮物可能讓人成癮，得愈送愈貴，每次送禮都是和上一次的自己進行軍備競賽。

依照自身狀況量力而為

以 Hunley 來說，一年即使花一、二十萬送禮物給女友，相較於他的收入並非無法

21 即 Dom Perignon，又稱「香檳王」，是品質高、名氣大、價格昂貴的香檳酒，但挺好喝。

負擔，但本身還有房貸、保險、養車、個人休閒娛樂等開銷等著用錢，加上他的薪水是辛苦工作、加班輪班而來，所以大量的禮物支出還是挺「痛」。

對多數上班族來說，花費幾萬元送禮物，很可能是交往幾年才難得一次，如果伴侶每年都討兩、三個，即使褲帶勒到最緊，也難以負荷。因此，是否要送高價禮物、多久送一次高價禮物，必須評估自身狀況。要在你覺得這件事「很值得且不影響個人太多」時，再去運用昂貴的禮物來製造驚喜。

不要將高價禮物當萬靈丹

Barry 是多數人眼中的高收入分子，當他好不容易追到網美女友時，砸錢更毫不手軟。每週各種無菜單料理、米其林餐廳，一頓約會晚餐是普通上班族一個月的餐費；日本旅遊則住高檔溫泉旅館，吃懷石料理，兩人高達十幾萬的旅費自然是他全買單，還沒含旅程中的購物。

「我當時真的很怕她去找別人，你也知道，她算是滿正，身邊一直有其他的男人在追。」Barry 苦笑。

「所以你都盡量滿足她的要求？」我問。

「應該說就算她沒講，我也會主動買來送。」Barry 回憶當時自己的行徑，「現在想想真的是瘋了！」

即使 Barry 採取大灑幣策略，仍沒能留住對方。讓他更嘔的是，女友劈腿的對象只是個普通上班族，在財力方面完完全全比不上他，最後卻「搶劫」成功。這讓 Barry 大感不解、難以接受，也成了前來晤談的原因。

根據我的經驗，其實不少高收入分子，例如醫師、上市櫃大廠工程師、外商菁英等，其中維持著穩定親密關係的人，大多不是走 Barry 這種灑幣路線。反之，他們送伴侶的禮物與一般上班族沒有差異太大，通常落在幾千至萬元的預算中，偶爾才送更昂貴的禮物（而且他們的伴侶往往也回送類似等級的禮物）。

如果你的經濟狀況優渥，要特別小心「高價禮物」可能成為一種毒藥。靠砸錢經營關係，能吸引並留住的，往往是只為了從你身上蹭好處、獲取金錢與資源的對象。

理解伴侶的索求

已經知道大灑幣容易造成反效果，但如果伴侶仍然明示暗示，又該怎麼辦呢？

對方提出的要求，如果評估目前的經濟狀況不太允許，別打腫臉充胖子，勉強自己買來送。若經濟狀況許可，但覺得違背自身的金錢觀，同樣就別硬送。然而，我們也不需要直接怒嗆伴侶，請先透過提問與聆聽，搞清楚對方的想法吧！

「女友平常都省吃儉用，也不太買什麼貴的東西，為什麼這次主動想要一個破萬元的禮物呢？」

「上個月交往紀念日才送男友一個長夾，為什麼這次又希望我送他短夾呢？」

透過詢問後才知道，前者與同齡的伴侶希望在雙方都滿三十歲的這年，互相送對方比較高價的禮物，作為彼此「三十而立」的祝福。

後者則是對方在伴侶探問後，才不好意思地說出他實在用不慣長夾，所以後來其實很少帶出門。但還是想要有個女友送的皮夾陪他上下班，所以忍不住提出這個要求。

因此，聽到伴侶「索取」較高價的禮物時，驚訝之餘先別胡亂猜想，也別被仇女仇男言論影響，急著將自己的伴侶貼上拜金公主、軟爛小白臉的標籤。或許對方的要求背後有著我們原本沒想到的理由，而且這理由還可能蘊含著他對關係的投入與重視。

「如果對方的理由，真的就只是想要呢？」

當對方的要求超過我們能給予（或想給予）的時候，就請認真地表達自己的想法吧！可以說出自己的考量、困難、規劃、限制，以及別忘了與對方討論替代方案，各退一步來讓關係更前進。例如：

「我能感受到你真的滿想要這個包，但老實說，因為上半年剛買了車，今年實在沒有額外預算買它。或許可以等你明年的生日再送？」

「我也覺得這支錶很好看，但我有些自己的開銷要負擔，沒辦法直接買來送你。或許我可以入股，出資一半當成禮物？」

「這個東西我之前在網路看到時，就在猜你可能會喜歡。但因為我打算今年帶家人去花東旅遊五天，加上我們之前不是在討論年底想要去日本旅遊嗎？所以我得留多一點現金在手邊。恐怕日本旅行和這禮物，我們只能二選一囉，看你比較想要哪一個？」

「好吧，我先爆雷了，其實你生日當天，我訂了高級日式料理，再加上這禮物會超過我預算太多。你要不要再看看，有沒有其他也很喜歡但價格稍微低一點的禮物呢？」

比起「伴侶要求昂貴的禮物」，我們更要關注的是「婉拒後，對方的反應」，這才是評估對方是否適合繼續交往下去的重點。有可能對方原先不知你的規劃或想法，所以撒嬌地要禮物；又或是被姐妹／兄弟、網路文章、行銷廣告慫恿，於是跑來索取。

當明確表示自己的界線時，若對方堅持不肯接受，或直接翻臉不爽、冷戰不回，甚至情緒勒索、各種威脅。這下可要好好思考，這樣的關係是我要的嗎？特別要留意的是，假借儀式感之名來逼迫對方順從自己、要伴侶付出各種好處或資源的行為，並不是真正的儀式感。關係中的儀式感，是要雙方你情我願、皆大歡喜、兩邊都開心的事，絕不能拿來當作一種藉口。

「要送名牌包／吃米其林餐廳／住五星級飯店才有儀式感啊！」當對方說出這種話，代表並非以「關係」作為優先考量，只是個被洗腦的受害者，或是只想到自己的公主、王子罷了。

第16課 情侶需要儀式感嗎？——爲關係注入新鮮活力的技巧

上一課出現好幾次「儀式感」這個詞，因為要滿足投入性需求，的確有非常多方法圍繞著「儀式感」。

先別急著連結到負面印象：「哎呀，那是商人搞出來，要人花錢的行銷手法啦。」「哼，是用來勒索伴侶的藉口吧。」還記得《小王子》（*Le Petit Prince*）中的狐狸怎麼解釋儀式感嗎？「它就是使某一天與其他日子不同，使某一時刻與其它時刻不同。」

我認為儀式感的核心，其實是認真看待並對待某個人、某段關係與某個時刻。這包括了伴侶以及我們自己，也包含眼前的這段愛情、與伴侶相處或約會時光。

那如何「與其他時刻」不同，以產生儀式感呢？我們可從「跳脫日常」及「升級品質」著手。也就是刻意安排精心時刻並享受一番，與原本生活有所區隔。

約會的儀式感

應該沒有情侶不約會的吧？畢竟廣義上來說，兩人一起做某件事，就算是一種約會了。這種日常簡單的約會，例如下班後吃個晚餐、週末時看場電影、去外地走走逛逛，對於關係的聯繫與維持都有幫助。因為在這些約會中，兩人會透過互動更認識對方，可滿足可及性需求；對方願意撥出時間碰面，重視關係經營，也等於是在滿足投入性需求。

除了這種日常約會，我們還可以透過「特別約會」來製造驚喜，展現更多對關係的投入意願。所謂特別約會，相對來說就是非日常、需規劃的，得提早邀約，時間可能較長，前往的地方較遠，當然有可能花的錢也比較多。打算邀請伴侶來場特別約會時，可以從兩個方向去規劃：

升級版的舊地重遊

情侶的交往時間拉長，通常一起踏足走訪過的地方也會愈多。或許是某個餐廳、商場、建築物、公園或郊外景點。再次回到對你們具有特殊意義、充滿浪漫回憶的地點，不經意說出：「還記得我們上次來⋯⋯」「記得之前來的時候⋯⋯」快速重現的不只是記憶，還包括當初甜蜜、幸福甚至激情的感受，重新勾起熱戀期時的雀躍心情。不妨翻翻手機相簿，找出那些曾留下美好回憶的地方，再次邀請伴侶一同前往。

然而，如果這趟約會行程完全照抄當年的路線，只靠「回憶殺」來增溫感情，力道可能略嫌不足。

因此，我們在原本的行程，可以再來點「不一樣」，也就是規劃新的行程或路線，讓整趟約會既引發浪漫回憶，又有新元素加入，在製造新鮮感、驚喜感的同時，也讓你們再次創造出另一個熱戀的記憶片段。

在不同時間舊地重遊，本身就自帶「新元素」效果。例如與伴侶第一次共同出國是日本冬季的合掌村，雖然冷得發抖，但兩人在雪地玩得不亦樂乎，在當地人開的食堂躲雪，享用軟嫩多汁的飛驒牛，夜暮低垂時依依不捨地離開。想再次與伴侶重回合掌村追尋當時的甜蜜依偎時，就未必要選擇同樣時節，反之可以選擇夏季出發，去看看一片翠綠、有著另一種韻味的合掌村。並且可以多加上金澤、加賀溫泉等行程，讓這次旅行同時包含懷舊與新體驗。

探索未知，來場冒險吧！

雖然說去外縣市、離島或出國旅行容易引發爭吵，為什麼仍有很多情侶對此樂此不疲？因前往不熟悉、陌生、沒去過的地方，除了滿足我們個人的好奇心、向外探索的動力外，從關係經營的角度來看，能增進彼此的一體感、同盟感。

情侶是一起組隊的隊友，總在熟悉的新手村遊走雖然安全，但久了就容易乏味；離開新手村，邁向一段未知的旅程，雖然需花費時間準備行囊、規劃路線，甚至對前方到底會發生什麼事會有一絲擔心，卻也會為情侶帶來興奮與期待。

因此，不能總是在舊地重遊，毫無變化，像是每次約會都吃那兩、三家餐廳，或連假都只去類似的商場或同樣的景點。還記得跳脫日常創造驚喜，才能讓關係中的熱情與激情不斷湧現嗎？心理學家亞瑟．亞倫的另一個研究顯示，情侶共同參加新鮮、刺激的活動，對於關係滿意度、親密感與激情都有正向加分效果。[22]

想讓愛情的火苗不會因為時間拉長而漸滅，找尋新的約會地點，規劃不同的約會模式，對於雙方都是很重要的功課。但「刺激」並非是「危險」、「驚險」的活動，關鍵是**「在百分之八十可掌握的安全下，探索百分之二十的未知」**。

這是什麼意思呢？

22 | Aron, A., Norman, C. C., Aron, E. N., McKenna, C., & Heyman, R. E. (2000). *Couples' shared participation in novel and arousing activities and experienced relationship quality*. Journal of personality and social psychology, 78(2), 273-284.

鼓勵情侶前往不熟悉、陌生、沒去過的地方，並不是要什麼都不準備，就傻傻衝去，這極容易讓雙方在過程中發生爭執，埋下心結。兩人得先對這趟約會做好功課，有個大致的流程，且了解交通方式、食宿等資訊，才不會到了當地成為無頭蒼蠅。

我許多年前與當時的女友首次去日本旅遊，只帶本旅遊雜誌，就直衝大阪了。更誇張的是，兩人的手機在日本都無法上網，「反正找不到路，問人就對了嘛！」這是我當時的想法。

抵達大阪後，我告訴伴侶想去吃北極星蛋包飯，於是我們來到熱鬧的商圈，卻陷入找不到這家餐廳的窘境。麻煩的是，因為不想帶整本旅遊書出門，所以我只帶了自己畫的簡易地圖。

「讓我看看。」女友將我畫地圖的紙一把抽去，「這個是要怎麼找啦！」

她有這種反應不意外，因為這「地圖」只是白紙上有一個代表車站的圓點，兩條代表馬路的直線，以及圓點的西北方有個星號，代表目標餐廳。我在繪製時還得意地標示了指北的方向。

想當然爾，這種有和沒有一樣的「地圖」根本無法找到餐廳，用英文求救路人也是一問三不知。迷路加上疲累飢餓，很快就讓雙方煩躁起來，當晚在旅館起了小爭執。

從我的搞笑經驗提醒各位，所謂「未知冒險」不是茫然踏上旅程，而是要事先做功課，在掌握大部分情況、足夠安全的前提下，去體驗現場隨之而來的各種享受和變化。若未做好基本的準備，例如要去山上露營卻沒有相關的設備或知識、要出國旅遊卻連交通資訊都沒查好，很容易讓驚喜變成驚嚇！

如果有先做準備，讓這場約會大致在掌握中，共同踏上冒險旅程後，即使遇到突發狀況，也能一起克服。那種相依相伴的經驗，會大幅增加親密與激情。「兩人完成一個任務」會有效提升兩人的凝聚力、向心力；過程中運用各自方法來幫助約會順利完成，也是在展現個人的魅力與優勢，來增加對伴侶的吸引。

找到生活中的情趣

同居甚至結婚的兩人，更多的時間其實是日常相處。那麼，在非約會的時間中，是否仍可以增加感情熱度呢？

當然可以，透過營造生活情趣，仍可讓對方感受到自己對關係的重視，而滿足投入性需求；同時又可自然提升個人魅力，讓對方持續有心動的感覺。而生活情趣，或者說是生活情調、品質，可從兩個大方向著手：

環境布置

經典美劇《六人行》（*Friends*）有一集，男主角之一的羅斯和一位女生約會，雙方打得火熱，準備轉戰女生住處。結果一開門看到的是滿坑滿谷的衣服、雜物，甚至還有隻老鼠！當下就讓男生傻眼想跑掉。

當然影集是比較誇張，但若是進展到前往兩人住處，或是開始同居，周遭環境很可能會影響伴侶對彼此的印象變化，甚至開始思考往後能否與眼前的人生活下去。

反之，當我們創造出一個舒適、乾淨空間時，一方面讓對方將這種自在愉悅的感受與我們連結起來，形成一種正向「綁定」；另一方面，我們也可透過空間環境，展現品味、美感等魅力。

這當然不是要將房子打掉重練，整個裝潢一番。可以怎麼做呢？

維持整潔是最基本的一件事，別讓住處隨地都是東西，請善用收納櫃或抽屜，並養成用完就收拾的習慣。定期吸地、拖地、整理環境，就算房間沒什麼特別裝飾，也能號稱極簡風讓人覺得舒服。垃圾、瓶罐、不要的耗材、網購紙箱等該丟就丟，住處可以走工業風，但別變成工地風啊。

進階一點，就選定一、兩面牆壁，掛上喜歡的繪畫、書法或有設計感的攝影海報吧！不一定要花大錢買名家作品，網路上有很多複製畫可以購買，搭上簡單的平價畫框。只要一點開銷，就能讓整個居家環境質感明顯提升。支持藝術創作者的同時，也能提升生活環境，划算！

我們還可以運用小物展示生活風格。我曾有位學生，因為興趣去學了許多手工藝技巧，並裝飾在自己的住處；另一位超愛日本旅遊的朋友，則在玄關貼了張很有質感的日本地圖，運用磁鐵與照片標示出自己的足跡及回憶；喜歡二戰歷史的我，書櫃上習慣放幾台小型坦克模型，且會定期更換。

自己的生活空間可以用來展現個人的興趣、喜好、休閒娛樂。請注意，不需刻意去思考「擺什麼才會讓伴侶覺得我很有品味」，如果本身根本不喜歡酒，就別刻意放瓶皇家禮炮；聽音樂習慣用耳機，就別故意擺組音響生灰塵。請依照自身的意志，作為布置個人空間的主軸，而不是預設立場去討好對方。

此外，現代人的房裡充滿了許多電子產品與生活用品，有些人會覺得家電「能用就好」，但我認為在經濟許可的範圍內，可以偶爾提高預算，買些「顏值高」的東西。這些生活用品具有畫龍點睛的效果，不僅提升環境的視覺美感，也能增加生活品味。

像是具有精品外型的電風扇、吹風機、吸塵器，木製質感的家具等。小一點的用具，例如餐盤碗杯、藍芽喇叭、浴巾毛巾等，甚至一般家裡必備的延長線，現在也有愈來愈多廠商注重這類基本必需品的外型。

當然這些東西不用一次到位，日常逛街或去親友家作客時多加留意，看到不錯的再買來升級，或趁旅行時購買在地品牌，也是種生活樂趣。

運用感官

人們運用感官接收外界的情報，產生情緒、想法並做出行為反應，當然，這也包括來自伴侶所發出的訊息。除了前述「視覺」可見的物品，還可運用其他三種感官來製造驚喜、增加情趣。

首先，不妨來點音樂吧！

聲音對人類的影響，常常超乎我們的想像，某段旋律、某句台詞、某個聲響，都可能將我們瞬間拉進某段回憶，產生許多情緒。

在兩人的小窩，可以播放與彼此回憶有關的歌曲，或選擇適合當下氣氛的音樂，更可以雙方輪流當DJ播歌，都是種互動樂趣。我與伴侶若在家吃飯，幾乎都會放背景音樂，有時她放國樂演奏或久石讓，有時輪到我播珍藏的搖滾樂或坂本龍一，偶爾則放雙方都喜歡的皇后合唱團（Queen）、槍與玫瑰（Guns N' Roses）。

除了聽覺，嗅覺是另一個會勾起我們回憶與情緒的重要感官。而且「覺得香」通常會讓人們的心情愉悅、開心。約會時，除了視覺上的穿著、髮型，香水則能從嗅覺給予對方好感。然而嗅覺也較需要考量到對方的喜好，找出雙方都喜愛的味道，就可以是個有趣的遊戲。

以常見的香水、香氛蠟燭或擴香瓶來說，有花草調、果香調、木質調、海洋調等不同的調性，不妨從日常互動中推敲伴侶對哪些香味接受度較高，再從裡面挑選自己喜歡的香調。當然，去香氛專櫃試香，也適合排入約會行程當中。

兩人相處時，若有似無或刻意為之的碰觸，即使隔著衣服，也能增加互動中的曖昧氛圍，更別說直接碰觸、撫摸、揉捏皮膚，可刺激彼此性欲，增加激情。滾床幾乎都會包含愛撫與皮膚接觸，不論是前戲、高潮或事後，找到彼此都喜歡的肢體接觸方式，是人類最美好的經驗之一。

而我想要提醒的，是在「非性愛」的情境，也別忘了運用觸覺來維持感情熱度。除了互動時的牽手、摟肩、摟腰這種基本款，深情對望時的輕撫臉頰、頭髮，輕捏手臂、小腹，或臀部、大腿，都是日常互動中的小小情趣。此外，在忙碌工作整天、拖著疲勞的身體回到住處時，還可以透過按摩來滿足彼此的投入性需求，簡單的揉肩、小腿與按壓腳底，通常就能讓伴侶感到驚喜與親密了。

「隊友」的概念不是只能運用在旅遊、約會上，也可以透過味覺的冒險來達成。每天吃類似的食物、喝差不多的飲品，我們的舌頭已經習慣它們，甚至成為進食機器，單純為了生理需求而飲食。

因此，偶爾與伴侶來嘗試點不同的東西吧！邀請對方一起逛超市，探索許多新鮮有趣的食材、零食、甜點或飲料。光從「逛超市」開始，就已是一場新鮮的冒險了，更別提回住處後的試吃享用。

即使都是在外用餐，也可以換換口味。約會常吃日式食堂？那這回來個印度料理吧！過去吃得比較清淡？那趁連假規劃一場台南小吃之旅吧！喝慣咖啡？或許可以體驗泡茶。吃慣肉類？不妨換成一日蔬食。愛喝調酒？那這次嘗試威士忌純飲……帶著伴侶探索不同的美食料理與飲品，就是一種充滿驚喜的冒險。

在平凡日子裡持續提升關係

還記得多年前流行過「小確幸」嗎？鼓勵人們在壓力大的生活中，偶爾對自己好一些，掌握「小小但確實的幸福」。儀式感與它相似，但比起偶一為之的小確幸，更像是「將製造出的獨特，逐漸習慣化，成為新的固定模式」。

例如每週或每個月特地挑一天，去做些日常不會做的事，來犒賞自己。或是留意生活中的小細節，讓原本簡單平凡的小事情獲得「升級」。提升生活的品質、品味，增加美感或爽度。這些小動作、小改變對旁人來說可能沒有什麼必要或無法理解，但對身為使用者和當事人的你來說，就是開心，無須解釋。

儀式感也鼓勵我們「多嘗試」、「偶爾升級一下」，雖然這多少會用到錢，畢竟要享受就得付出。但花錢讓自己開心，只要量力而為，沒什麼不好。

更何況不是每個儀式感的營造都得花大錢，它甚至可以不花錢；因為儀式感核心在於「是否用心規劃，創造出獨特時刻」。有人習慣在下班後到操場或健身房流點汗，享受身體的活動；有人會在睡前冥想靜心，作為一日的結束。這些也都可以為我們創造儀式感，讓自己生活不要一成不變、枯燥無趣。

至於關係當中的送禮、約會、旅遊、透過新體驗創造驚喜等，關鍵是「兩個人一起享受」、「雙方都開心」。若純粹個人想要享受，請靠自己努力，最忌諱用儀式感當藉口來強迫別人，對伴侶進行情感勒索。

我們可以向伴侶提案，但也得體諒對方的限制，尊重對方的決定，否則這種「儀式感」不但對關係沒有幫助，還會反過來破壞關係。我不認為勉強對方，靠對方來滿足自己的欲望就叫儀式感；若其中一方想要，另一方猶豫，那就務必開口問、用心聽，並表達界線，與伴侶溝通協調。

愛情中的儀式感不只是跳脫日常，升級品質，還加上了「雙方一起創造某個默契或經驗」。曾有網友分享，自己與伴侶書寫交換日記持續了好多年，當雙方一起回顧過去，就會想起當初的心情、對彼此的珍惜與重視；也有人習慣晚餐後，與伴侶到附近公園散步閒聊；我與伴侶則會在週末夜裡，分享對彼此的感謝，不論是訴說自己或聆聽對方，都讓關係更加緊密。

所以，情侶可以一起規劃、創造更多屬於你們兩人的儀式感。例如平常都是公式滾床，交往紀念日嘗試角色扮演；日常約會都簡單吃，但生日時親自下廚料理；之前都是搭乘大眾交通旅遊，這回挑戰自駕行程。透過「一起規劃、開心享受」來提升對關係的重視與投入，能讓感情持續升溫，雙方更加靠近。

創造獨特經驗的活動，有些會花比較多錢，有些只需一點小錢，有的甚至免費，端看實際狀況與喜好。千萬別被「儀式感一定要花很多錢」這個錯誤思維給束縛了。邀請伴侶一起聊聊彼此喜歡怎樣的儀式感吧！

PART 4

衝突免不了，
卻能讓我們變得更好

處理情侶間的吵架，
不能只看事件來找戰犯、劃分責任，
而是要聚焦在事件所引起的情緒。

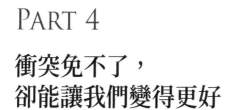

第17課 就事論事，爲什麼反而讓我們愈吵愈凶？

我們已經學會了關係經營的兩大策略，分別是提升個人魅力使伴侶持續感到心動，讓激情與欲望不會消失殆盡，以及提供伴侶有品質的陪伴，透過滿足三個依戀需求（可及性、回應性、投入性）來為愛情不斷存入安全感。雙管齊下，能讓對方不想隨便結束這段關係，然而，這不表示兩人不會吵架。

事實上，我幾乎沒遇過從不吵架的情侶或夫妻。當兩個人走入彼此生命及生活，組隊踏上這段未知的愛情旅程，不論是突發狀況的出現，或雙方的原始差異，都可能引發吵架。

安全感對關係經營很有幫助，然而高度安全感並非讓人們「完全不吵架」，而是降低吵架時的衝突程度，並加速吵架後的復原效果。從另一個角度看，對關係有足夠安全感的情侶，也較不害怕與對方起衝突。吵架這件事不會讓他們感到過度焦慮，這有助於兩人從吵架的混亂狀態中走出來。

因此，若本身實在不喜歡與伴侶吵架，那目標不該設定在「永遠沒有爭執」，而是放在「爭執發生時，如何好好因應」。要成功解鎖這個任務，除了持續存入安全感，還須了解吵架發生時如何有效因應。最棒的是，若能好好面對衝突，可能讓雙方的關係更加緊密！

在談論吵架前，我想請你先靜下心來回想：

- 最近一次吵架，是什麼時候呢？
- 在什麼地方吵起來的？
- 是透過訊息、語音通話，又或者是當面爭吵呢？
- 還記得是什麼事情引起的嗎？
- 當時對方說了些什麼，而你又如何回應呢？
- 當下你的心情是什麼？
- 最後做了什麼事情，讓吵架結束呢？

多數人面對這些問題，能夠最快速且較為清楚回答的，是「引發吵架的導火線」。

例如：

「就是我下班回家看到房間超亂，開口請伴侶收拾一下，但他只忙著追劇！」

「好像是我們一起去超市買完要回家，結果他走超快，我自己一個人在後面提著兩大袋的東西。」

「那次是我們說好七點在餐廳碰面，但我有點事情耽擱，所以遲到十分鐘，結果他就一直念我為什麼沒先說一聲。」

大多情侶對於「吵架的原因」記得特別清楚，所以習慣「就事論事」，討論這次吵架起因是誰的行為不對、誰應該負較多的責任、應該如何修正這樣的行為等。也就是很容易陷入一種「找戰犯」的遊戲中，在事情細節上不斷爭論「應該怎麼做」、「當時如果不那樣就沒事了」、「不能這樣說」、「本來就該如何」。

嚴重的吵架往往來自於用「全對或全錯」的角度看事情，認為某個人必須為這次吵架付上全責；「都是因為你」成為吵架常出現的起手式，然後發展為互相指著對方的鼻子謾罵、批評，甚至咆哮。稍微理性的情侶則會開始按比例進行責任劃分：這件事情你占了七成，因為你先那樣做；我占了三成，因為我說了什麼，接著開始協議「下一次該怎麼改善」，例如：

下次其中一方請對方收拾房間時，口氣必須客氣一點，並記得加上「請」；另一方除非在忙工作，否則得先一起收完再繼續滑手機。

買完東西應該一人提一袋，不能自己走在前面。兩袋的重量要差不多才「公平」。

如果可能遲到，至少需提前十分鐘告訴對方，當下太忙可先簡述，碰面後再補述詳細原因；若遲到方有正當理由，另一人就不能抱怨或碎念。

不論是「相互究責」或「就事論事」，結果往往是讓雙方有愈來愈多的規則，如同上班有一套職場規範要恪守，下班約會或同居時又有另一套情場守則得遵循，否則就是吵架，甚至要擔心被伴侶資遣。

然而，情侶之間有太多事情可能引發吵架了，已讀不回、未接來電、沒空約會、好不容易約會卻不小心偷瞄隔壁桌的人……當代的伴侶治療大師蘇珊・強森據此提出了另一種看法：讓情侶吵起來的關鍵並非事件本身，而是事件所引發的情緒。

也就是說，各種事件只是導火線，將關係深層的不穩定點燃，產生衝突；它們也彷彿催化劑，讓原本安全感就不足的情侶容易被激起紛爭。

所以，要處理情侶間的吵架，不能只看事件來找戰犯、劃分責任，而是要聚焦在事件所引起的情緒。而且這些情緒並非單純因某事件而起，我們在乎的其實是事件背後的人（也就是伴侶）。

想想看，我們與朋友約聚餐，對方遲到了，我們可能覺得沒關係，會自己閒晃或滑手機等待。但為什麼伴侶遲到時，我們往往比較在意呢？又或者，伴侶的請求被同事當耳邊風時，可能只是在心裡碎念兩句，很快就沒事。但為什麼我們忽略伴侶的話語時，他的情緒會很快「牙」起來？

吵架關鍵不是事件，而是人

對我們來說，伴侶是一起在人生旅程冒險的重要隊友，也是安全基地與避風港，以及重要的依戀對象。我們期待獲得對方的陪伴、支援、安慰與照顧，所以更容易放大伴侶的某些行為。反過來說，當伴侶的行為被我們主觀判定「關係有危險」、「安全感不足」、「避風港恐怕消失」時，情緒就會被快速引爆。

想像一下，當眼前的愛情破裂，原本懷裡的伴侶甩開你的雙手，即將遠走高飛時，那是什麼樣的感受呢？與對方從認識、曖昧、熱戀到此刻，那些關係中的美好畫面即將戛然而止，擁抱、親吻、聊到深夜、約會驚喜、安慰陪伴等甜蜜幸福的互動全都消逝不再，對方從此與你彷彿兩條無交集的平行線，直到多年後在某個街口偶遇，看著他身邊牽著另一個人的手。想到這裡，我們會浮現怎樣的心情呢？

或許讓人有點緊張、焦慮，也可能感到難過、遺憾，甚至害怕這樣的事情發生。當我們主觀覺得重要的依戀伴侶將會消失時，這些都是內心深處自然又正常的情緒反應。這些深層情緒既是情侶吵架的根源，也是雙方衝突、你來我往戰個不停的原因。

許多情侶的吵架，來自對於關係可能消逝的猜想、焦慮與害怕，也就是「缺乏安全感」。這些脆弱情緒往往讓我們表現出另一群「防衛情緒」以及「防衛行為」，同時也加強了對方的防衛情緒及行為，形成一種惡性循環，愈吵愈凶。

有趣的是，依照不同個性特質、成長背景、過去經驗等，人們在情場往往分屬兩種陣營，在缺乏安全感時展現出截然不同的防衛情緒與行為。這兩個陣營，分別是「抓人鬼」以及「躲藏者」。

究竟，這兩派各自有什麼特色？在吵架時扮演著什麼樣的角色？雙方又是如何讓衝突愈演愈烈？讓我們繼續看下去。

第18課 愛情橋梁，各據一方——認識情緒取向治療

在細談「抓人鬼」與「躲藏者」前，我們先來認識由伴侶治療大師蘇珊・強森與萊斯・格林伯格（Leslie Greenberg）兩位博士發展出來的情緒取向治療理論架構。這個當代火熱的心理諮商與治療學派，已有眾多研究證實具有卓越的療效，尤其在協助情侶、夫妻處理衝突並增進感情這一塊。這也是我在處理伴侶衝突或關係經營時，主要使用的學派。

從情緒取向治療來看愛情，絕大多數的情侶，是由「抓人鬼」與「躲藏者」兩種角色組成。更精確來說，是「一方較偏向抓人鬼角色，另一方較偏向躲藏者角色」，而非單純的二分法。

打個比方，我們眼前有座橫跨愛情河流的長橋，愈靠近左邊端點代表「抓人鬼」

的特質愈強烈，愈靠近右方端點則代表「躲藏者」的特質更明顯，至於靠近中間呢？自然就代表抓人鬼或躲藏者的程度較低，或是在關係中較具有彈性。

若你接觸過依戀理論，想必會聯想到，接近橋中間的人屬於「安全依戀」，抓人鬼顧名思義像是「焦慮依戀」，躲藏者則為「逃避依戀」。情緒取向治療的核心就是由依戀理論延伸而來。

每對情侶受到家庭、人際與愛情經驗的影響，會站在這座橋的某個位置上，且對看的兩人，通常一方比較偏向抓人鬼的特性，另一方則較具有躲藏者的特質。

請注意，兩人在橋上的位置是可能變動的，也許剛在一起時，兩個人都很靠近中間，相安無事，但隨著交往時間拉長，愈來愈「做自己」後，雙方都開始走向橋的兩端，展現出較為明顯的抓人鬼與躲藏者行為。當然，兩人也可能原本就在橋的兩端，常出現劇烈的爭吵，但在不斷溝通或透過諮商協助後，開始往橋中央邁進，讓衝突逐漸緩和。

此外，我們在不同的愛情中，也可能站在不同的位置，意即每一段關係都有著獨立的橋。或許我們在前段感情中是個比較極端的抓人鬼（靠近橋的左方），但因為之前的經驗學習、後來的人生歷練或目前伴侶的影響，而在這段感情中呈現出較不明顯的抓人鬼樣貌（靠近橋中央）。

看到這裡，一般人可能有個困惑：「難道沒有情侶是兩方都偏向抓人鬼，或都是躲藏者嗎？」兩人會否都在橋的同一端，而非各據一端對峙？如果同屬一個陣營，感情應該會更順暢吧？這裡容我先賣個關子，介紹完兩方特質後，再來公布答案。

找出你所屬的陣營測驗

在愛情關係裡，你是抓人鬼還是躲藏者呢？請依照每題的描述，評估是否符合自己和伴侶間的實際狀況，以〇到五分計。愈符合分數愈高，愈不符合分數愈低。也可回想自己與某位交往對象的互動狀況，或與喜歡的人在一起後可能的相處情況。

將抓人鬼與躲藏者題目的分數各自加總，若前者的總分較高，即偏向抓人鬼陣營；若後者的總分較高，則偏向躲藏者陣營。當然，分數愈高，代表你的抓人鬼或躲藏者特質愈明顯。

抓人鬼陣營

□ 我很希望伴侶一直把注意力放我身上。
□ 若對方已讀不回，我會忍不住一直看手機，甚至不斷傳訊息給對方。

□我討厭吵架拖到隔天，有事就要趕快講清楚。
□我常忍不住想看對方手機的訊息或社群。
□我容易擔心這段感情會突然結束。
□對方認為的小事（例如遲到、已讀不回）讓我很在意，甚至為此吵起來。
□對方無法如我所願在身旁時，我很容易煩躁或焦慮。
□我常覺得對方與我還是不夠親近。
□當對方沒有注意或關心我，我會不高興。
□我需要聽到對方常說愛我，會一直陪著我。

躲藏者陣營

□我不習慣向伴侶透露內心的感覺。
□伴侶靠近我時，我其實覺得不太自在。
□吵架時我習慣先躲開，或是暫停一下。
□我在伴侶面前，其實有很多保留或不想說的小祕密。
□吵架時，我通常比較理性、講道理。
□我不喜歡吵架，寧可讓時間沖淡一切。

□我不與伴侶談太多私事，寧可自己處理。

□我容易覺得伴侶在怪我或指責我，即使對方說並沒有。

□我通常不向伴侶尋求安慰、建議或協助。

□我很需要自己的空間，而非黏在一起。

第19課

「你快把話說清楚！」——抓人鬼的特質

大部分的情侶吵架，開第一槍的通常是抓人鬼。先別急著反駁，來看看抓人鬼有什麼樣的特質吧！

抓人鬼特質一：看到黑影就開槍

抓人鬼本身的觀察力敏銳，常留意雙方互動或伴侶本身有無「不對勁的地方」。搜尋各種線索是他們全天開啟的自動技能，例如：「嗯，男友今天臉色好像不太好。」「女友為什麼這幾天訊息回得比較慢？」「他說今晚要和同事聚餐，但之前都沒提過這群人耶！」「她最近對我說話似乎比較不耐煩。」

許多旁人覺得「沒什麼」，甚至不會特別留意到的事情，在抓人鬼眼中都會變得格外明顯，或被他們偵測出來。接著，抓人鬼習慣往負面方向聯想，例如：「他是不是在生我的氣？」「該不會認識別的對象吧？」「會否背著我做什麼事情？」「是我之前說錯什麼話嗎？」

這與過去成長背景、家庭環境、戀愛或人際經驗有關，抓人鬼會頻繁連結到以往關係中的負面回憶，「愈想愈不對」的同時，也會感受到安全感缺乏。這下他們的大腦會立即發出警訊，促使他們採取戰或逃反應。可想而知，抓人鬼絕對是「為愛挺身而戰」的族群，並採取一連串行動。

抓人鬼特質二：打破砂鍋問到底

當抓人鬼抓取到某些線索，起心動念認為關係有危險時，通常開的第一槍就是「提問」，希望對方把事情講清楚。而且抓人鬼的提問，不是單純關心、溫柔和緩的那種，而是疊加型連續技，不斷「追問」下去。例如：

「你是不是心情不好？」

「明明就有，你從進門就不太講話。」
「到底怎麼了？」
「是我昨天勸你不要一直課金，所以你在不高興嗎？」
「你為什麼不講話？」
「你不高興就說啊，需要這樣臭臉嗎？」
「真的不是因為我嗎？」
「那你為什麼心情不好？」
「為什麼不告訴我？我們不是情侶嗎？」

這種追問，其實是要將伴侶「釘」在原地，讓對方無法輕易脫身。抓人鬼在缺乏安全感時，會想要從伴侶身上得到回應。他們習慣以此進一步評估關係安危，所以用盡辦法「抓」著對方不放。即使回答了抓人鬼的提問，他還是很可能持續追根究柢問下去，讓人難以招架。有些抓人鬼對於伴侶的回答總抱持著懷疑的態度，不太相信得到的答案，甚至從提問變成質問，或是發脾氣拷問。

當對方最後什麼都不想說的時候，抓人鬼的不安全感又再次爆發，用更激烈的方式與語氣來「戳」對方：「哼，你心虛了哦？被我說中了，對吧？」

抓人鬼特質三：咄咄逼人翻舊帳

抓人鬼的情緒起伏較為劇烈、快速，容易因一些「小事」（對他們來說是大事）不對勁而開始追問，過程中又因對方的回答（或不回答）加深疑慮，導致情緒進一步爆發。他們在吵架時容易呈現出氣噗噗、大嗓門、用詞尖銳、得理不饒人的樣貌。

身為抓人鬼的伴侶，通常會有種「又來了」、「到底是在大聲什麼啦」、「根本無理取鬧嘛」的無奈感慨。但如果將這些內心話說出來，衝突便會迅速升級，愈吵愈凶。

吵架時進入狂戰士狀態的抓人鬼，除了咄咄逼人、張牙舞爪，還可能會翻舊帳，將各種事情參在一起做成撒尿牛丸。例如：

「你今天怎麼這麼晚下班？」

「同事聚餐？你為什麼沒告訴我？」

「哪個同事？你們多少人去吃？在哪家店？」

「你之前常聊天的那個同事也有去嗎？」

「沒有？真的嗎？你是不是有事瞞著我？」

「你之前不是和他很好嗎？我上次就抓到你們互傳晚安啊！」

「只是朋友？我就不會和朋友說晚安啊！」

「你是不是對他有好感？」

「沒有？那為什麼你聚餐沒說？他是不是有去？」

「你還要瞞我多久？我就知道，你和我前任根本一樣，有夠渣！」

抓人鬼絕招：我們分手好了

當雙方吵到不可開交，抓人鬼的情緒值已經蓄滿後，很可能會放大絕招：

「好，你要這樣是不是？沒關係，我們分手好了！」

「我也不想再這樣互相傷害了，分手吧！」

接著，抓人鬼會直接掛電話，或是轉身欲奪門而出。情緒也被激起的你，可能以為這段感情就這麼「啪，沒了」對吧？事情通常不會這簡單，在抓人鬼快走到門口，或掛完電話沒多久，會衝回來或回撥語音給你，然後用更生氣的語氣說：「我就知道你想和我分手！」「你就這樣讓我走？」「你怎麼可以這樣！」「你果然就是那樣的人！」然後開始第二回合的吵架。

抓人鬼的「分手」其實是種測試，類似：「哼，我倒要看看他會不會留我。」也是一種「以退為進」的策略。伴侶可能愣在原地，想著現在是演哪齣；或是尊重抓人鬼的「離開」，給予祝福。無論何者，都讓抓人鬼更加相信自己原本的臆測，不安全感再次擴大，然後用更激烈的行動想抓住伴侶。

到這裡，你應該已經看懂抓人鬼的吵架模式了：觀察到某些線索並往負面猜想，因為缺乏安全感而追問伴侶，又因為伴侶的反應而產生更大情緒，接著用更劇烈的行為與伴侶爭吵。過程中，抓人鬼還會一直索求伴侶「回應」，例如要對方回答問題或把話說清楚；同時也會「測試」伴侶，例如故意轉身不講話或嚷嚷著要分手；接著，抓人鬼會將伴侶的回應視為新線索，來證實自己的猜想為真：「哼，我果然抓到你了。」「哈，被我猜到了吧。」

面對來勢洶洶、霸氣外露的抓人鬼，他們的伴侶通常會怎麼回應呢？

第20課

「你先冷靜好不好？」——躲藏者的特質

上一課我們描述了抓人鬼的常見特質，以及在吵架時的行為模式。而通常多數情侶都是抓人鬼與躲藏者的組合。那麼，與情緒張力高的抓人鬼一起組隊的躲藏者，又有怎樣的特性呢？

躲藏者特質一：理性冷靜

相較於抓人鬼的情緒快速起伏，躲藏者不論是日常或吵架時，表面上都是比較沉穩、理性的樣貌。當雙方開始有口角，躲藏者的情緒看起來不太受對方影響，習慣先淡定冷靜地聽對方說話，並試著分析前因後果、利弊得失，會梳理脈絡，嘗試與氣頭上的伴侶「講道理」。例如：

「你說我怎麼又遲到，但我記得我上一次遲到已經是去年的事情了，這段時間來我幾乎是比你早到。」

「而且上週六我們約在車站，你遲到了二十分鐘，我也沒說什麼。」

「我昨天就告訴過你，今天因為公司有個案子要交出去，所以我有可能晚一點。」

「我這一年來也就這次遲到十分鐘，你剛說我愛遲到，這種說法與事實不符。」

此外，躲藏者在吵架時，會試著將伴侶帶入自己「冷靜理性」的主場，要求對方先緩和情緒，不要這麼激動。例如：

「OK，你可不可以先冷靜下來？」

「你這種態度，我覺得對事情沒有幫助。」

「你講話不用這麼大聲，請小聲點好嗎？」

「我之前讀過一篇心理學文章，在講情侶吵架時，攻擊性的肢體語言只會產生反效果。麻煩你自己先冷靜下來，不要這樣大吼大叫。」

看到這，許多人可能覺得有點熟悉：「這不就是我之前與伴侶吵架的模式？」「沒錯，他每次吵架都這樣對我說！」那麼，你想必也深深記得，當一邊正在氣頭上，另一邊說要冷靜時，通常是愈吵愈凶的開始。

躲藏者特質二：沉默是金

當躲藏者發現伴侶的情緒無法降溫，眼見衝突程度愈來愈高時，他們會變得更加淡定，對抓人鬼一連串的質問，回覆也愈來愈簡短，例如「對」、「確實」、「並沒有」、「我剛說過我沒有」、「都可以」、「隨你吧」。較為極端的躲藏者，面對伴侶的碎念、質疑、抱怨，還可能直接不說話、保持沉默，甚至連眼神也不接觸，直接看著旁邊路人或遠方開始放空。

這種「左耳進右耳出」、「開啟靜音模式」，是躲藏者在面對氣勢強悍、咄咄逼人的抓人鬼伴侶時，常見的防禦策略。而抓人鬼面對這種「安靜吵架」，情緒是否會逐漸冷靜下來、恢復理智呢？

「怎麼可能有用，我只會更火大啊！」「他都不講話，氣死我了！」這是抓人鬼面對躲藏者最常見的反應。

躲藏者特質三：以拖待變

吵架時，躲藏者的另一個口頭禪是「晚點再說」、「見面再說」、「明天再說」、「等我回家再說」、「我洗完澡再說」、「先讓我忙完工作再說」、「我現在不想講這個」、「我們現在最好不要談這些」。總之就是先和伴侶拖一下，用時間換取清靜，以不變應萬變！

然而，等到見面、回到家、洗完澡或忙完工作後，躲藏者是否會繼續回到吵架現場呢？

當然不，躲藏者滿心希望時間一過，對方的心情就自動好起來，或已經淡忘吵架這件事，兩個人又可以開開心心互動，相安無事。所以等「明天」真的到來時，躲藏者不會主動說「那我們來談談昨天吵架的事情」或「我現在要好好解釋同事為何傳愛心貼圖給我」，畢竟這可是搬石頭狠砸自己的腳。

所以，即使抓人鬼好不容易忍到隔天，想與躲藏者「溝通」昨天的事情，躲藏者會持續拖延，例如表達「我現在還沒準備好」、「我還有事情要忙」、「我覺得這個時機點不適合」、「明天我們再好好談吧」。

「吵架待明日，萬事總無事」，這是躲藏者習慣的策略。能拖過一天算一天，拖到對方忘了，或大事化小，小事化無最好。當然，抓人鬼不會這麼容易放過他的。而這也是讓雙方陷入愈吵愈凶的惡性循環主因之一。

躲藏者絕招：都是我的錯

如同抓人鬼在吵到不可開交時會放出「那我要和你分手囉」的絕招，躲藏者在受不了對方狂翻舊帳，火力全開謾罵時，也有自己的大招。躲藏者會先用冷靜淡定的情緒面對攻擊，並試著講道理、各種分析，再搭配「拖字訣」中離戰場，但若面對火力較強的抓人鬼，躲藏者像是《駭客任務》（*The Matrix*）主角，下腰仍閃不掉子彈，這時他就會直接「認錯」。

「你說的都對，是我不應該遲到十分鐘，我這樣太糟糕了。」

「我向你道歉，讓你生氣是我的責任。對不起，我不會再犯了。」

聽起來很有誠意，所以躲藏者真心誠意懺悔了嗎？

才不是，躲藏者通常表面說：「好好好，都是我的錯，可以了吧？」內心想說其實是：「你鬧夠了沒有？」躲藏者未必覺得自己有錯，甚至搞不懂為什麼一定要分對錯，這些道歉與認錯，主要目的是強制抓人鬼趕快閉嘴，不要再碎碎念。希望盡快讓雙方停止爭吵，使原本波濤洶湧的海面恢復平靜。

看下來，躲藏者在吵架時主要是使用「被動技」，因應伴侶的連續質問、翻舊帳，用一種打太極的方式來因應。但躲藏者有時也會主動發動攻勢：當他們在互動中被對方某些言行惹火時，會有意無意地擺出臭臉、話量變少，或安靜沉默、愛理不理。觀察敏銳、習慣在關係中找尋各種線索的抓人鬼，也往往會留意到躲藏者的不對勁。但當抓人鬼關心詢問時，躲藏者通常會說「還好啊」、「沒什麼」、「我不想講」，例如：

「寶貝，你怎麼都不說話，是在不高興嗎？」（抓人鬼）

「沒有啊。」（躲藏者）

「明明就有，剛才我接完電話後，你就臉很臭。」（抓人鬼）

「我沒怎樣啊，不想講話不行嗎？」（躲藏者）

「你為什麼要這樣？我就和同事說一下明天要交的企劃案而已。」（抓人鬼）

「沒關係啦，就是你的工作很重要嘛！」（躲藏者）

「你明明就在不高興！你不喜歡我約會處理公事對嗎？」（抓人鬼）

「還好啊，我沒差，隨你高興就好。」（躲藏者）

到底為什麼分屬兩個陣營的情侶，特別容易吵起來？透過這段對話，或許已經能看出一些端倪。這兩種角色恰好會讓雙方掉進「捉迷藏」或「鬼抓人」模式，形成破壞感情的惡性循環。

第21課
看見深層情緒，搞懂伴侶到底在意什麼

理解抓人鬼與躲藏者的特質，應該對兩種角色有深刻印象了。一方情緒起伏大、急性子，隨時找線索來「關心」伴侶；另一方則淡定冷靜、理性分析講道理，而且有事習慣放心裡不想說。接著我們得要仔細了解，兩人是如何愈吵愈凶，不斷消磨感情。

經典吵架公式：一追一逃的捉迷藏

情侶間的吵架，往往是一個巴掌拍不響。

也許有人會疑惑：「瑪那熊，如果我都不回應，這樣不就吵不起來了？」

實際上，「不回應」也是一種回應，而且恰好是讓衝突升級的必殺技。到底怎麼回事呢？

情侶的吵架通常這樣開展：抓人鬼觀察到某些線索，例如已讀不回、對方追蹤了某個正妹或小鮮肉、最近常遲到等，會開第一槍，提出質疑或抱怨。

這時，躲藏者習慣如何回應呢？

有些躲藏者會盡力解釋。例如：

「這陣子是旺季，整個單位都在趕件啊，工作就真的忙不過來，沒時間看訊息，我能怎麼辦？」

「那是朋友推薦的啦，而且我只是看對方分享美食，又沒要怎樣，我根本不認識他好嗎？」

「你也知道下雨我不想騎車，搭車又很塞，遲到也沒辦法控制啊。」

有些躲藏者則採取冷處理策略，不太想與伴侶攪和下去，傾向簡單回應或快速提出改善方法，例如「最近很忙」、「好，那我退追蹤」、「喔，我下次早點出門」，然而這些解釋或回應，通常無法讓抓人鬼善罷干休，會持續碎念或提出更多質問。

「你真的會忙到完全沒時間看訊息？中午吃飯總可以看吧？但你是整天都不回耶！你根本就不想回吧？」

「真的嗎？你追蹤只是想看他分享美食？那你何不去追美食部落客？你是看他身材

好才追蹤的吧？你是不是想認識他？你有沒有傳訊息過去？你還有追蹤誰？」

「之前我們就說好，兩個人都盡量別遲到。你根本忘了對吧？你是不是打遊戲打到忘記時間？你不是說會減少玩遊戲的時間嗎？你還有和那群隊友約出團嗎？還是你又在玩新的遊戲？」

面對排山倒海的質問與攻擊，躲藏者會退一步採取守勢，要求對方冷靜，或乾脆不再多說，保持沉默，甚至是表態「現在不想再談」、「明天再說」等，然後掛掉電話、倒頭就睡或轉身離去。

那麼，當躲藏者避戰或中途離開戰場，能否達到「一個巴掌打不響」的效果，成功化解這場衝突呢？實際上，這種冷處理反而會激起抓人鬼的情緒，使用更激烈的方式來「抓」，不讓伴侶跑走。例如：

「你為什麼不說清楚？」

「是不是被我說中了？」

「你掛電話就是心虛了，對吧？」

「你不要走，現在就把話說清楚！」

「你承認沒關係，我不會生氣，我只是想聽實話！」

「現在不說，晚了我也不要了！」

面對凶猛攻勢，躲藏者通常要不澈底消失，要不觸底反擊。前者是乾脆直接跑掉、失聯，手機不看不接，也不回住處，像是逃難般找個朋友收留，或是在外面閒晃整天。後者則是被抓人鬼的話激到，也用凶狠強烈的語句戰回去，例如：

「你鬧夠了沒有？」

「不要無理取鬧好不好？」

「你這種樣子，誰還敢和你在一起？」

「所以現在是怪我囉？」

「粗暴言論大可不必啦！」

「我說我負責了，還想怎樣？」

不論是採取失聯或反擊，大家應該能猜到抓人鬼接下來的反應。是的，這場衝突將進一步碰撞升級，雙方的情緒、用語也都更加激烈，沒完沒了。

若以旁觀者角度來看這場爭執，會發現一個明顯模式：一方愈追，另一方愈逃；這一方逃愈快，另一方追愈緊。這就是多數情侶的吵架型態，像是捉迷藏般的你追我逃、我跑你追，而且衝突逐漸加劇。縱使這次的吵架最後達成和解，但下次又會因為類似或不同的理由，重新開始同樣的追逃模式，不斷淘空感情的安全感與親密感。

這種不斷消耗感情的捉迷藏遊戲，難道是情侶自願參與的嗎？

為什麼我們會陷入這樣的惡性循環中呢？

如何破解這種惡性循環？

看見抓人鬼的深層情緒

抓人鬼在吵架時總是情緒快速起伏，呈現咄咄逼人或氣急敗壞的模樣。不斷逼問各種芝麻小事，就算對方回答了又不相信，還會引來更多的質疑與追問，到底是在想什麼呢？他是無理取鬧、故意找碴嗎？

「那是誰」、「為什麼」、「花多少時間」、「還有沒有我不知道的」，這一連串的問題背後，抓人鬼到底想要問什麼？

其實，抓人鬼真正想問的問題只有一個：**「你會不會離開我？」**

他們強勢凶狠、急躁囉唆、張牙舞爪的表面樣貌背後，隱藏著對關係缺乏安全感的害怕、焦慮與擔心：

「你還像當初那樣愛著我嗎？」

「我對你來說，還是那個最重要的人嗎？」

「你真的願意陪著我一直走下去嗎？」

抓人鬼通常觀察敏銳，善於發現各種可疑線索，主動尋找關係中的不對勁，隨時警戒感情的「不安定因子」。只要一發現風吹草動、黑影出現，就會快速放大擔憂，認為「不出意外的話，很快就要出意外了」。

接著，抓人鬼會敲鑼打鼓地讓伴侶知道「你看，我找到安全漏洞了」。換句話說，抓人鬼彷彿日夜警戒的牧羊犬，不管是瞄到遠方樹林有疑似狼蹤的黑影，或發現圍欄因腐蝕搖搖欲墜，甚至只是看見某根木頭有裂痕，他們都會瞬間警醒，大聲吼叫，想要引起伴侶的注意。

抓人鬼的深層情緒是擔心、害怕與焦慮，但往往不會展現脆弱的一面，因為他們擔心這種情緒可能也會破壞關係，思忖著另一半能否接受這些負面心情，或是會因此「討厭我／瞧不起我／吃定我」？

於是，抓人鬼會快速選擇「戰」，以生氣、質疑、不耐煩的情緒來武裝自己，掩蓋脆弱；用質問、批評、碎念來測試伴侶，探詢真相。

看見躲藏者的深層情緒

當突如其來被伴侶質疑，或早就忘記的事情被掀出來鞭，躲藏者在困惑的同時，還得面對來勢洶洶的質問或碎念。他們習慣不斷淡化、解釋、分析、講道理。「先冷靜」、「先不要討論」、「我不想講」，這些淡定表現的背後，躲藏者到底想要表達什麼？

其實，躲藏者此刻在思考的事情只有：**「再這樣吵下去，我們之間的關係會不會真**

的完蛋？」

他們沉默安靜、淡化漠然、急著離開戰場的樣貌背後，隱藏的也是對關係炸裂的害怕、焦慮與擔心：

「我如果回嘴，會否愈吵愈凶？」

「繼續爭吵，事情是否一發不可收拾？」

「不行，需要有人踩煞車。」

面對情緒高漲的伴侶，躲藏者注意到這個人吵起架來實在太狠了，自己得趕緊設法讓衝突降溫，否則不出意外的話，也很快要出意外了。且躲藏者本來就不太喜歡衝突，在他們過往的成長或愛情經驗裡，吵架並不是個愉快的經驗，甚至可能帶點創傷回憶。「衝突」在躲藏者眼中，就是條通往地獄的高速公路，也是駛向關係破裂的快速道路，要盡可能避免。

因此，當伴侶氣急敗壞質問、碎念時，躲藏者會趕快請對方先冷靜。發現沒什麼效果，那先試著講道理，不要有太多情緒涉入。如果還是沒什麼用，就最好不要多說話，以免多說多錯、刺激伴侶。而當對方好像更火大、自己的情緒似乎也有點被激起時，便趕快先離開現場，以免真的要爆炸。

躲藏者的深層情緒是擔心、害怕與焦慮，且同樣不會輕易展現這脆弱一面，因為他們的過去經驗總提醒著他們「展現內心的風險很高」，他們不確定對方能否接受這些負面心情，或是會因此「討厭我／離開我」？有些被毒性男子氣概洗腦太多的男生，還會擔心伴侶是否覺得「我這樣太娘」、「不夠Man」，進而「鄙視我／瞧不起我」。

因此，躲藏者會快速選擇「逃」，以淡定、冷靜、理性的樣貌來武裝自己，掩蓋脆弱，用分析、講理、沉默來降溫衝突，避免關係進一步惡化。

了解對方在想什麼

躲藏者希望大事化小，小事化無的冷處理策略，常讓抓人鬼進行兩種過度解讀。

抓人鬼：「你都不在乎我！」

真實心情：「我都這麼生氣了，對方還是愛理不理，根本就不在意我的感受！明明我這麼擔心，為什麼對方卻一副不關他的事的表情？難道只有我在乎這段感情嗎？就只有我在努力，對方總是無所謂！」

抓人鬼：「果然被我猜中了！」

真實心情：「面對我問的問題，只會叫我冷靜？還一直說什麼明天再談，根本就是心裡有鬼！果然，我的猜測是對的，對方的心根本就不在這段感情上了，我根本就不重要！對方一定會離我而去，把我丟下來，原來只有我在努力維繫這段感情！」

對情緒起伏快速、小劇場特多的高敏感抓人鬼來說，就是會腦補這麼多。於是他們會表現出更強烈的生氣、焦躁，並拋出更多的質問與攻擊。

這時，已經陷入捉迷藏循環的躲藏者，又會怎麼解讀呢？

躲藏者：「果然被我預判到了。」

真實心情：「對方還真的脾氣愈來愈爆發，就如我原先預判的，兩個人只要吵下去就會更加嚴重！我只是簡短回應，對方就氣成這樣，如果我回更多那還得了？我得更加冷靜、保持淡定才行！」

躲藏者：「為什麼都怪我？」

真實心情：「奇怪，明明我很努力想降溫，讓雙方不要再吵下去，對方卻一直說都是我不好？我也是有情緒的，都極力壓下脾氣了，對方還死纏不休，到底為什麼要逼我啊？真的有重視我、在乎我嗎？是故意想把關係搞糟吧？難道只有我在努力維繫我們的感情嗎？」

一場吵架，各自以對方的表面行為來解讀，然後吵得更凶。這就是為什麼「我明明只是想把事情問清楚，對方為何都不講」，同時也是「我明明希望雙方冷靜別吵架，對方為何更生氣」的真正解答。

破解惡性循環的關鍵心態：是隊友而非敵人

看到這，或許你已經發現一個重大的祕密了。

「抓人鬼和躲藏者的深層情緒差不多吧？」

「他們其實都會擔心、焦慮或害怕，對吧？」

「而且，他們看起來都是想維繫關係啊？」

怎麼會這樣呢？這兩個人不是敵對陣營嗎？

這要回到「情侶為什麼吵架」，當我們主觀認為三個依戀需求（可及性、回應性、投入性）未被滿足時，會因為缺乏安全感而啟動警報開關。因此，情侶一開始想要的其實是讓關係更穩固或擁有安全感，而非破壞感情、鬧到分手。雙方根本是有著同樣目標的「隊友」，而非「敵人」！

然而，我們受到過去經驗所建構的依戀風格影響，會讓彼此在警報啟動時做出截然不同的反應，也就是抓人鬼的「戰」與躲藏者的「逃」。再加上對伴侶表層情緒與行為的過度解讀，加大了不安全感，更進一步戰或逃，雙方便玩起了這場愈吵愈凶、消磨感情的捉迷藏遊戲。

然而兩人的出發點，其實是不希望關係出問題：抓人鬼透過隨時觀察、超前部署的習慣，來避免出亂子；躲藏者則想用減少或降低衝突、大事化小的策略，來避免事情惡化。但尷尬的是，雙方各自「搶救關係」的方式，往往踩到對方痛點，成為讓衝突加劇的關鍵。這下可無辜了，兩人明明是想讓關係更好，卻造成了反效果。

當我們意識到「伴侶與我一樣，都想維護關係」後，面對眼前的咄咄逼人或淡定理性，會開始有不同以往的全新感受。不再覺得對方是「沒事找事做」或無理取鬧，也比較能相信對方一直喊著「冷靜」、「明天再說」，並非是要狠心拋下自己。

雙方是隊友，有著「保護感情」這個共同目標，而不是要刻意攻擊、傷害對方的敵人。我知道在吵架的當下，你可能很難相信這件事，所以下一課，我將分享三個步驟來幫助化解吵架，跳脫捉迷藏。

在此之前，先來解答一個關子。

為什麼情侶通常是一追搭配一逃？

「瑪那熊，如果抓人鬼與躲藏者注定吵起來，那他們何必交往？」

「抓人鬼不要找躲藏者，躲藏者別和抓人鬼交往，不就解決了嗎？」

這是很多人可能會產生的疑惑，也好像有點道理，防範未然不是很好嗎？

然而大部分情侶就是抓人鬼搭配躲藏者的黃金組合。為什麼呢？

因為不吵架的時候，抓人鬼眼中的躲藏者，通常是：「哇，這個人的個性很沉穩，也沒什麼脾氣，而且遇到事情滿冷靜又有理性，與急躁容易緊張的我很不一樣呢！腳踏實地、誠懇又溫和，真的是很有魅力呢！」

而躲藏者眼中的抓人鬼，通常是：「哇，這個人的個性活潑又外向，還喜歡與我聊天，分享好多自己的事情，而且很關心我的狀況，與溫吞木訥的我很不一樣呢！熱情開朗、觀察力好又細心，真的是很有魅力呢！」

這是抓人鬼和躲藏者嗎？也差太多了吧？實際上，在日常約會相處、甜蜜互動時，我們很可能會被對方的「互補」特質所吸引，感到新鮮有趣，進而欣賞且心動。

此外，還可以想像一下，若雙方都偏向抓人鬼，在關係中會是怎樣的狀況呢？

「你昨天為什麼沒有立刻接我電話？是和誰在一起嗎？」

「哼，你還問我？上週末去你家時，一直有人傳訊息給你對吧？是和誰聊天啊？」

「我和朋友聊天不行喔？你別扯開話題，先回答我啊！」

「笑死，哪個朋友？之前你路上搭訕的朋友喔？你先好好交代清楚！」

除了日常中的諜對諜、不斷攻防與猜忌，在吵架時也很容易快速鬧大，變成兩人互相謾罵，甚至產生言語攻擊或肢體暴力。因此，兩個抓人鬼組成的情侶，最後很有可能其中一方受不了，「轉職」成躲藏者並結束關係。

那雙方都是躲藏者，又會是什麼狀態呢？

比較喜歡個人空間、不愛被打擾的躲藏者，很可能彼此的交集也不多，而讓激情快速消退、愛情降溫，愈來愈像是住一起的室友。當他們對關係感到不滿意時，也會傾向「忍耐」或「自己吞」，避免起衝突、相敬如賓也如冰。最終，躲藏者們會逐漸淡出這段感情，或選擇向外發展找尋其他對象，讓原本的關係不知不覺結束。

所以，別因伴侶與我們於橋的兩端對望，分屬抓人鬼與躲藏者陣營而感到擔心，反之，這正是彼此吸引的關鍵之一。

第22課 破解吵不停的惡性循環，有效修復愛情

上一課，我們分析了為什麼與伴侶會吵起來。當某個線索導致缺乏安全感時，抓人鬼會用較強烈的情緒或是質問，想要確認關係是否安好；當躲藏者感受到劍拔弩張的氛圍時，會想要降低衝突所以冷處理，但這容易讓抓人鬼誤會伴侶只想息事寧人，在乎自己的感受而更加生氣。於是雙方陷入愈追愈逃、愈逃愈追的惡性循環。

整個過程中，雙方其實都想要保護關係，也都有著擔心或害怕的深層情緒。兩人像是尚未建立好默契的隊友，想幫忙卻造成反效果，更糟的是還引發對方誤會，讓情況愈來愈失控。

而對「情侶吵架」有新的看法與感受後，若下次又吵架了，該怎麼辦呢？依照我的實務經驗，有三個步驟可以幫助情侶克服衝突：

步驟一：放慢腳步

當我們愈追，伴侶就愈逃；若逃愈快，伴侶就追愈緊。所以要打破惡性循環的第一步，就是先放慢原本「立刻追」或「趕快跑」的習慣。

請注意，並不是說要「消弭」這種追逃行為，畢竟這是我們依戀風格的一部分，我們要做的，不是離開這座依戀橋梁，而是從兩端盡量往中間靠攏。也就是將目標訂在降低抓人鬼或躲藏者的「強度」，讓追逃反應不再那麼靈敏或激烈。

該如何放慢腳步呢？

人類大腦遇到某些「危險事件」時，邊緣系統的杏仁核（Amygdaloid）會快速感知並發出強烈警報。這是因為杏仁核儲存著許多「情緒經驗」，尤其是與恐懼、害怕、難過有關的回憶，因此它對勾起這類情緒的線索特別敏感。依戀對象的離去，也可能會被杏仁核判斷為「危險事件」，並迫使我們趕緊做出「戰／追」或「逃／跑」反應，也就是進入了抓人鬼或躲藏者的模式。

人類平常主要用大腦的前額葉（Frontal lobe）在工作，它具有理性分析、冷靜思考的功能，能幫助我們蒐集不同資訊與線索，運用邏輯進行推理判斷，以做出最佳決策與反應。但在危機警報大響時，溫和講理的前額葉會被關到小房間，改由急性子的杏仁核上位取代，做出迅速而粗糙的戰或逃反應。換句話說，當我們缺乏安全感、與伴侶吵架時，通常是由杏仁核來主導行為。這也就是心理學家、《EQ》作者丹尼爾．高曼（Daniel Goleman）所提出的「杏仁核劫持」（Amygdala hijack）概念。

杏仁核的警報功能是人類的重要武器，幫我們在遭遇危難事件時提高存活率。例如看見一群大狗朝我們跑來，已經沒時間讓前額葉慢慢思考「是否先換雙運動鞋再跑比較好」。假設曾有被動物咬傷過的回憶，杏仁核會讓我們趕快轉身跑開；或是若杏仁核儲存了某些成功戰鬥經驗，也可能拎起鐵手套與牠拚了。

杏仁核接管前額葉而做出的快速反應，在需要與野生動物爭奪生存空間，或戰亂頻繁的時代，對人類有著重要幫助。然而正如高曼教授所說，現代社會中許多「威脅」來自人與人之間的關係，杏仁核不經思索，快速進行的戰或逃反應，已未必適用。情侶之所以陷入捉迷藏的惡性循環，就是因為我們太急著追或跑，而引發對方更急躁、強烈地跑與追。

因此，我們要先讓杏仁核降溫，避免大腦主導權被整碗端去。好在，杏仁核這充滿衝勁的小傢伙並不持久，警報聲不會一直響下去。被激起的情緒隨著時間流逝，會逐漸和緩下來[23]，只是通常在情緒降溫前，我們就已經做出追或跑行動，而掉進捉迷藏中了。

此時，不妨積極做點什麼，更快調降杏仁核警報音量。發現自己情緒被激起，準備質問對方或轉身離開前，可試試這四種技巧：

捏爆情緒：肌肉緊繃與放鬆

這是個經典的快速抒壓方法，方便有效。

- 大口深呼吸一至三次。
- 想像將「當下不舒服的情緒」（例如煩躁、擔心、生氣、焦慮、害怕、不安等）握在掌心。
- 逐漸握緊拳頭，將這些不舒服的情緒包覆在拳頭裡，用力直至無法再更緊握。
- 現在，這個不舒服的情緒已經被我們捏爆成液體狀了！
- 慢慢放鬆拳頭、張開手指，讓這液體流到地面、滲入地底。
- 輕輕晃動手掌，並大口深呼吸。

若覺得還是急著想戰或逃，重複以上步驟。但請留意，別讓伴侶誤以為握拳是要攻擊，以免對方的杏仁核警報響得更大聲。

23　有一說是十八分鐘，也有說法是三十分鐘左右。

內在心像：轉移注意力

當我們聚焦在眼前「關係可能有危險」的線索時，就會不斷腦補、放大，讓杏仁核更加活躍。這時不妨在心中想像不同的畫面，分散原本的注意力，達到舒緩效果。

可以在心中描繪與伴侶有關，但正向、開心、覺得甜蜜或幸福的畫面，也許是印象深刻的約會場景，或是某個對方送過且自己真心喜歡的禮物，當然也可以是某次滾床，兩人玩角色扮演的片段。若當下臨時想不到這種放閃畫面，也可以搜尋最近在電視、手機上看到的有趣好笑圖片，或網路上的迷因圖等。

如果不擅長視覺記憶，實在想不到任何輕鬆有趣的畫面，也可以直接看手機相簿（但要留意若兩人是當面吵架就不合適，因為會讓對方覺得不專心、不在乎）。另外，不論是腦中想像或直接看圖，建議平常就要「儲存」一些美好畫面或圖片在大腦或手機裡，才不會需要用時找不到。

騙過大腦：生理升溫與降溫

德國神經學家約翰內斯・舒爾茲（Johannes Schultz）發現，人們放鬆時會伴隨著特定的生理感覺，因此研發了一套「透過言語與想像來降低身體對壓力反應」的放鬆方法，也就是著名的「自律訓練」（Autogenic training）。這套技巧除了有助入眠外，還可以消緩戰或逃的反應，適合用來避免我們掉進捉迷藏循環中。[24]

自律訓練一般包括手腳、胃部、額頭等身體不同部位的感覺想像，考量到吵架時劍拔弩張的情境，我推薦透過改變胃部與額頭的溫度，來獲得舒緩情緒的效果。

這技巧的原理是，當杏仁核感知到危險，準備以戰或逃行為來因應時，血液會開始流向某些肌肉與器官，好讓人更能因應眼前的危機。例如，胃部所接收的血液量會比平常少，畢竟大敵當前，「消化」已不是當下重要的工作了。而血液流動減少，會讓該區塊溫度降低。反過來說，若「原本會變冷的地方仍然溫暖」，等於是發出「平安無事」訊號，讓大腦認為此刻並非處於嚴重危機中。請練習這些步驟：

- 深呼吸一至兩次。
- 將注意力集中在胃部與腹部，想像這區塊變得愈來愈溫暖、舒服。
- 將注意力轉移至額頭，想像一陣微風吹過，讓額頭感到清涼舒爽。
- 在心中默念：「我現在很清醒，可以慢慢聽伴侶說話。」「我現在很清醒，可以

24—《情緒共振：親密關係中，如何修復焦慮衝突，一起成長》（*Anxious in Love: How to Manage Your Anxiety, Reduce Conflict, and Reconnect with Your Partner*）卡洛琳・戴奇（Carolyn Daitch）、麗莎・羅伯邦（Lissah Lorberbaum）著，日出出版。

給伴侶一點時間。」「我愈來愈放鬆，不用急著追問／跑開。」

- 最後，再深呼吸一、兩次，並輕輕擺動身體或四肢。若情況允許，也可以做點伸展，像是雙手舉高往上拉、肩膀打開往後伸展、挺胸向前等。

如果一時之間實在無法想像溫度變化，也可依照當下情況直接用「物理方式」調整。例如摩擦手掌後放在腹部、使用暖暖包、蓋條毛毯等；額頭部分則可以洗把臉、吹電風扇、將冰過的飲料罐貼在額頭等。也別忘了平常就先教伴侶這個技巧，雙方一起練習。

時間停止器：有效的暫停技巧

在衝突爆發或即將爆發時，若能喊個暫停，有助於阻止杏仁核快速取代前額葉。然而你一定也知道，喊暫停往往會讓抓人鬼的情緒更放大，死命抓著對方，不讓人離開現場。

為什麼抓人鬼不接受「暫停」呢？因為他們預判對方並非真的要暫停，而是想落跑閃人。這會開啟抓人鬼一連串的過度臆測，例如「果然不在乎我的感受」、「根本不想好好溝通」、「對關係已經無心經營了」。

因此，喊暫停時也有幾個關鍵可以注意：

- 簡單同理對方的情緒，例如「我知道你現在不太高興」、「我有感受到你很在乎這件事」、「我了解你有很多問題想繼續問我」，讓伴侶覺得自己的狀態或需求有被看見。
- 表達暫停的需求與好處，例如「我覺得我們要先暫停一下，讓氣氛稍微舒緩比較好」、「我需要冷靜一下，這樣比較能和你好好討論」、「我們兩個現在脾氣都上來了，休息一下好像可以避免愈吵愈凶」。
- 設定明確的暫停時間，例如「休息個五分鐘，我幫你倒杯水，等我一下」、「我們暫停個十分鐘，八點整我一定回來繼續讓你問，我也會把話說清楚」、「我先把被主管追殺的工作搞定，一小時後我會打給你，你也先休息一下，去吃點東西，我怕你餓到」。

請注意，若雙方約定好時間，請務必準時回來。不然會被抓人鬼認為是新的「關係有危險」證據。在更加缺乏安全感的情況下，衝突程度會再次升高。

步驟二：嘗試同理

當我們透過放慢腳步或喊暫停，讓杏仁核稍微降溫，前額葉重新取得大腦主導權之後，就能嘗試同理伴侶到底在不爽或沉默什麼。

另外，在吵完架或日常雙方情緒穩定，甚至甜蜜約會時，與伴侶聊聊之前的吵架，也可以邀請對方分享自己當時的心情、想法，以及為什麼會問那些問題、什麼事情引發生氣、不說話或保持沉默的考量。

當然，我們有可能不知道怎麼問，或伴侶不想再談，用「過去就過去了」句點一切。這時可以表達自己很希望能讓關係更靠近，減少吵架對感情的影響，再次邀請，甚至也可以一起尋求心理諮商的協助，在晤談室裡了解彼此，修復關係。如果當下很難邀請伴侶共同接受諮商，也可以先自己與心理師晤談討論。

步驟三：練習表達

當我們本身情緒穩定下來，減緩追或逃速度後，伴侶的情緒與追逃行為很可能也會較為緩和。這是我們進一步溝通的機會，讓自己的聲音不被杏仁核警報蓋過，有效傳遞到對方心坎。

表達，是要讓伴侶更了解我們的內在感受與想法，以及未能被滿足的需求是什麼。從而促發對方也願意分享、讓我們看見「對方到底在意什麼」、「為什麼吵起來」的真正原因。

可以參考以下句型與順序：當我看到／聽到（引起對方情緒的線索或事件）時，我當下覺得（表層情緒），所以我（表層行為）。但其實我也覺得（深層情緒），因為（深層想法與需求）。

例如：「當我看到你昨晚一直已讀不回時（線索或事件），我當下覺得很煩躁，也有點生氣（表層情緒），所以我忍不住直接打了好幾通電話過去給你（表層行為）。但其實我也覺得有點難過（深層情緒），因為我們剛在一起時，總是很快回覆對方。所以我會擔心，是不是我們的感情慢慢變淡了，但兩人都沒發現（深層想法與需求）。」

又或是：「你剛才不斷懷疑我和前任聯絡，而且我解釋你又不聽時（線索或事件），我當下覺得有點不爽，也覺得很煩（表層情緒），所以我就不想再講話了（表層行為）。因為我覺得滿有壓力，也有點難過（深層情緒），好像你都不信任我，我在你眼中竟然是個會劈腿的人。但我其實很希望你能相信我，看見我對你的付出（深層想法與需求）。」

當然，這個句型在平常沒有吵架時，就要邀請伴侶多多練習，讓「把心情與需求說出來」成為兩人的習慣。一方面讓雙方在需求未被滿足，缺乏安全感時，能用「勇敢表達」取代生氣質問或沉默轉身；另一方面也練習在看到對方表層情緒與行為時，不再像過去只用戰或逃模式來回應，掉進捉迷藏陷阱裡。

安全感是克服吵架的核心基礎

前面分享了因應吵架、減緩衝突、提升同理伴侶、練習表達溝通的技巧。但請別忘記，之所以會有愛情捉迷藏的產生，是由於依戀需求（可及性、回應性、投入性）未被滿足，我們主觀覺得缺乏安全感。當擔心、害怕等深層情緒被激發時，大腦就響起了警報聲，並快速做出戰或逃行為。導火線可能是來自雙方互動或觀察到的某項線索，也可能是被對方先出手的戰或逃行為所引起。

若日常中，我們與伴侶常滿足彼此的依戀需求，就能不斷存入安全感。當這些安全感累積得厚實，縱使某天某個需求未被滿足，「缺乏安全感」與「害怕對方離去」的負面情緒也不至於太強烈，就能避免引發強烈的追逃行為。

所以，減緩衝突的最根本策略，是平常滿足彼此的可及性、回應性與投入性需求，來為關係累積更多安全感。

若仍被勾起警報而吵架怎麼辦呢？不用擔心，情侶間的衝突若能夠有效化解，也將額外為關係存入安全感，如同遊戲中的特殊事件獎勵。因此，別害怕偶一為之的吵架，這是讓雙方更了解彼此、增加愛情韌性的機會。

PART 5

關係中的疑難雜症

觀察對方是否適合一起生活，
也可評估自己是否真的想與別人住一起或進入長期關係。
有助於更了解自己、伴侶，以及這段關係的未來方向。

第23課 大危機！情敵出現怎麼辦？

「瑪那熊，請問能否今晚約諮詢？」

「老師，真的很急，我現在需要幫忙。」

通常這種「急件」，十之八九是發現疑似第三者，或被提分手，焦急地想趕快找到解法。

小三或老王，是情侶們最不想碰到的感情破壞者，但在這網路便利、雙方有各自職場及生活的時代，伴侶不可能不接觸到別人。換言之，伴侶有可能認識到不同的對象，與這些人互動、產生交集等，是非常自然的事情。即使伴侶工作兩點一線，總宅在家裡，手遊、論壇、網路社群也都是社交場合，更別說交友軟體令人防不勝防。

說到底，我們無法阻止「另一個對伴侶有好感」的人出現，甚至他還不知道我們的伴侶「非單身」。要避免小三或老王橫刀奪愛，得先回頭檢視關係經營得如何：

- 自己是否維持甚至提升個人魅力，激發伴侶欲望與心動，持續吸引伴侶？
- 自己是否滿足與伴侶間的依戀需求，存入安全感，讓伴侶不想隨便換隊友？
- 發生衝突時，自己能有效化解，不掉進一追一逃的惡性循環裡嗎？

關係夠穩固，第三者很難有什麼切入點，因為我們的伴侶往往就已經擋掉對方、避免誤會。例如在社群或職場上不刻意隱瞞自己非單身、與其他對象互動僅限公務討論、不與其他人私下有太多交流等。這樣的舉措，大概能篩掉大半蒼蠅。剩下持續追求的有兩種，一是菜鳥，二是高手。

容易自爆的菜鳥第三者

這是指不太會閱讀空氣、自我感覺良好、相信「追久了就是我的」或「還沒結婚，人人有機會」、硬要衝一波、死纏爛打型的追求者。這樣的人平常愛找機會和我們的伴侶講話，積極一點還會送東西、請飲料，或是「不小心」向旁人透露覺得我們的伴侶很不錯。

這種菜鳥其實沒有什麼威脅性，他們的追求策略對單身者都沒用了，更別說對於有伴侶的對象。時間一久，他們往往會自爆，例如莫名吃醋，讓人傻眼；無限送禮請客，搞得大家氣氛都尷尬；甚至暴衝告白：「我一定比他好。」「我難道不行嗎？」「我願意等。」最慘的結局就是成為同事茶餘飯後的話題，大家都對他保持距離，深怕被他纏上。

若伴侶遇到這種菜鳥，通常也會覺得煩躁而找你討論。這時的因應策略是：

肯定並感謝伴侶願意讓我知道

絕對不要聽到有別人示好，就急著問東問西，甚至責怪伴侶，例如：「你是不是做了什麼讓他誤會？」「你有沒有明確拒絕他？」

被菜鳥或瞎咖纏上時，伴侶也是個受害者，別立刻興師問罪！

同理伴侶的情緒

因為被纏上往往也壓力山大（尤其追求者若是職場同事、主管或客戶）。此刻正是滿足伴侶回應性需求的良好時機。傾聽、陪伴、給予支持，會比疑神疑鬼、質問辦案有效果太多了。

與伴侶一起討論該怎麼處理這事情

我們的理性，請等到這時候再拿出來。若這菜鳥第三者太纏人，也可以表達出自己的生氣。

「咦？瑪那熊，你不是才說不要興師問罪嗎？」

請注意，我們的生氣是針對那白目的「菜鳥」而非「伴侶」。當我們因為第三者出現而對伴侶生氣，會讓伴侶覺得被怪罪、無辜想哭。不但無法滿足回應性需求，反而消耗安全感。但當我們對惱人糾纏的第三者生氣，會讓伴侶覺得被理解、被支持、「有人替我打抱不平」。同樣是生氣，但對象不同時，產生的效果也截然不同。

畢竟，伴侶願意分享自己遇到追求者，代表兩人的關係安全感積累不少，且伴侶並沒有起心動念想「換隊友」，甚至很多時候是覺得自己很衰，遇到煩人的蒼蠅。我們只要好好回應，抱持審慎樂觀的態度即可。

高手第三者的慣用套路

所謂高手第三者，並非直接價值輾壓、砸錢類包養的那種。網路看到「伴侶主管一直送名牌包」、「對方的同事總是開名車要接送」，這種第三者遠遠稱不上高手，只是比較有錢的工具人罷了。鄉民們常把這些砸錢伎倆看得太誇張，但其實這種追求法滿容易被「元配」發現，失去先機。更重要的是，若伴侶真被金錢攻勢拐跑，那我們只不過是送走一個拜金重利的瞎咖，有機會迎來更適合自己的對象，並非壞事。

真正要留意的，是擅長「溫水煮青蛙」的高手第三者。他們打從一開始就先認定「目標對象的伴侶不存在」，也就是把我們當成塑膠或空氣。這種心態才是高手真正厲害的地方。

精細來說，高手第三者的慣用方法是：

塑造出良好的第一印象

高手會與目標對象平穩聊天，並在過程中「不經意」展現自己優勢，好製造出良好第一印象。例如：

「我週末和朋友一起開車去內灣老街，天氣超好啊。」

「疫情穩定了，就想去戶外走走，不然這幾年悶在家，滿無聊的。」

「活動一下很重要啊，之前因為疫情，健身房停了一陣子，最近也重新回去了。」

這會讓目標對象對這個人產生「有車、會運動、喜歡大自然，而且會與朋友約出去，應該人緣還不錯」的印象。

延伸話題，製造共通性

菜鳥往往急著約「下次我們可以一起去」、「不然找機會我載你去」，然而高手會將話題延伸，製造共通性，以營造「我們有話聊」的印象。例如先分享自己的故事，再邀請目標對象也分享故事，找出雙方的交集：

「那你去過內灣嗎？」

「我超推薦附近有家景觀餐廳……」

高手同時從自己的習慣興趣，延伸到目標對象的生活娛樂，偶爾還會用輕鬆語氣稱讚。例如：

「你平常該不會也有在健身吧？」

「沒有？真的假的？天生吃不胖！」

甚至在聊天時開玩笑，像是：

「那你有駕照嗎？」

「哈哈，下次你出門要和我說，我那天一定躲在家不敢出門。」

高手刻意地用打鬧的方式，讓目標對象說出「你很誇張耶」、「你這人講話很壞耶」、「我開車技術沒這麼爛好嗎？」等，重點在於引起對方的情緒起伏和反駁，以增加更多互動。

不怕提到元配

菜鳥通常嫉妒心易爆發，所以避免聊到「目標對象的伴侶」，造成話題受限。高手聊起來後，並不害怕提到「元配（也就是你）」，甚至利用這一點來當話題，持續展現自己生活、製造交集。例如：

「哇，他帶你去巨城看電影啊，算滿有心的呢！」

「你們看哪部呢？」（然後快速將話題又帶回他們兩人身上，你只是個過場）

更可怕的是，這些高手不吝於幫元配說好話，形成一種「大家都是兄弟／閨密」的假象。例如：

「那你週末有去哪玩呢？」

「咦？男友／女友沒和你出門走走？」

菜鳥聽到這一點，通常會覺得「自己等到對手犯錯的機會了」，而急著見縫插針：「感覺不是很用心耶！」「都沒約會，滿無聊的吧？」但高手不會這麼做，因為若對方感情還算穩定，硬去批評只會讓人瞬間提高警戒心。批評別人的伴侶等於在說「你根本看走眼」，對方為了避免認知失調（Cognitive dissonance）[25]容易展開反駁。因此高手在聽到目標對象小小抱怨我們的時候，不但會同理，還會幫著說好話。例如：

「嗯，已經兩個月都沒什麼約會，真的是會比較悶啦！」（同理目標對象）

「但可能他想多存點錢，給你好生活吧」（幫元配講好話）

這時，我們的伴侶可能會覺得：「啊，他真懂我的感受，而且還幫我男友／女友講話」「反觀我家那位實在是……」

以朋友名義開始更多互動

剛開始高手會在團體中與目標對象接觸，例如同事或社群聚餐、出差帶伴手禮送

25 由美國心理學家里昂．費斯汀格（Leon Festinger）提出，當人們行為與態度、感覺發生矛盾時，會想消除這種內在的不一致感。例如透過忽略、拒絕、否認等方法，來支持原本的行為或決定。

全辦公室（當然包括其目標）。中期開始稍微「優待」，如聚餐時坐旁邊、順路接送，或是大家都有伴手禮，偏偏目標對象多了一個。

「多送那個是謝禮啦！你上次不是幫我選妹妹的生日禮物嗎？她很喜歡呢！」

「多送一個讓你和男友／女友分啊，你不是說他喜歡甜食？怕你搶不贏他啦。」

後期就開始增加私下互動，一對一聊天、單獨見面、下班吃個飯，然後透露「這沒什麼」、「只是朋友」、「如果不ＯＫ沒關係」的氛圍，讓我們的伴侶「自己選擇」。

有些高手還會偶爾刻意說：「這樣去吃飯，你男友／女友不會生氣吧？」這種試水溫的方式，目的是讓目標對象說服自己「這沒什麼，只是朋友」、「沒別的意圖」、「他很正派／人很好，有考量到我男友／女友」。

溫水煮青蛙一段時間後，伴侶很可能就變成「好像有點欣賞他」、「與他相處很開心」……如果事情發展到這邊，大概就嚴重了。如何破解？請擦一下手心與額頭的冷汗，繼續看下去吧！

破解高手第三者的招

我曾收過不少「伴侶疑似劈腿」的急件。先聽當事人描述脈絡，簡單同理並緩和情緒後，我一定會問：「那你怎麼處理？」

「我就很不爽啊，一直問他到底在和誰傳訊息，他都說只是朋友！」

「昨晚我受不了，偷拿他手機想解鎖。他發現後，當然就吵翻了。」

許多人的因應策略是靠查勤、質問想搞清楚狀況，若抓人鬼特質明顯（詳見第十九課），那更會緊抓另一半，以免被人搶走。但這種行為往往讓雙方掉進捉迷藏的惡性循環，讓關係更疏遠，反而最後夢魘成真、綠光照頂。

面對高手第三者強勢壓境，身為「元配」該如何應戰才能有效抵禦？我們可以從《孫子兵法．軍爭篇》來切入。

疾如風

高手得以趁虛而入，很多時候是情侶本身對於關係的怠惰。交往久了開始安逸，約會懶了，聊天懶了，甚至連肢體接觸、床上纏綿都懶了；又或者我們總專注工作，對另一半愈來愈不用心，忽略了眼前一點一滴的異樣變化。

我們雖不必時刻警戒，但務必要將心思放在關係之中。一方面信任對方，一方面也要注意是否有不尋常狀況。例如作息時間改變、不明訊息、突然情緒起伏等。當然這些未必代表第三者介入，可能僅是對方工作不順、與朋友吵架，但請在「違和感」

出現時保持敏銳觀察，迅速蒐集情報，了解狀況以進行後續判斷。

切勿覺得「不會有事啦」、「不用管他啦」。若真有第三者，我們將錯過挽回的黃金時間；即使並無第三者，我們也放掉關心付出、幫助對方的機會。感情在走，敏銳程度務必要有，別只顧著打電動、追劇而忽略旁邊的伴侶。

徐如林

若初步研判真有第三者出沒，接下來蒐集證據、擬定策略等，請如鴨子划水：表面放慢像是不受影響，切勿哭天搶地急著在社群上討拍。

雖說人們面臨關係危機時，大腦會不斷發出警告訊號提醒，但這時最怕病急亂投醫。聽眾人七嘴八舌，不如聽專家說法，請找熟悉你們狀況的朋友、專業人士或心理師吧！最忌諱的是因心急而騷擾另一半的朋友或家人，告御狀不會讓情況好轉，反而易引起他們不悅，讓原本能幫忙的同盟遠離。

侵掠如火

還記得心理學家史坦伯格提出由激情、親密與承諾組成的愛情三元論嗎？激情在熱戀期時會飆高，但隨時間拉長急速消退，親密與承諾則穩定成長。高手第三者的關鍵武器，說到底就是「新鮮感」，也就是當情侶間的感情逐漸失去激情時，小三能輕易製造出曖昧來填補，進而吸引我們的另一半。

這也是為何前面提醒，平常互動就得製造浪漫，讓「激情」不會消退殆盡。若疏於此道而被第三者趁虛而入，現在開始也還能一搏。創造新鮮感是重燃愛火的首要目標，除了花心思規劃兩人約會，也得在平常生活中製造對方意想不到的驚喜，打破對方的既定印象。例如平常都簡單吃，那就來頓特別的大餐；總是靜態活動為主，那就來場動態活動約會。請回頭熟讀第十五、十六課吧！

不動如山

面對第三者進攻，不論私下與伴侶見面、手機傳訊、噓寒問暖、送禮請客等，為此感到心煩意亂、緊張焦慮是人之常情，這時，努力保持自身穩定是關鍵。

很多人發現第三者出現後，不斷關注放大對方一舉一動，並對伴侶緊迫盯人、質問懷疑、不給空間，往往是提油桶讓星火可以燎原，因為第三者能給伴侶一堆我們無法給的自由！

所以，與其一直關注第三者，或不斷限制伴侶，不如專心地執行「重燃愛火」計畫：設計約會、製造驚喜、展現反差、營造新鮮感與激情。身為「元配」雖然在激情上不如第三者，卻有著累積已久的「親密」優勢，也就是信任、安全與熟悉感。在補充消退的激情之餘，也可用重遊舊地、重溫過往來勾起伴侶回憶，喚起安全感。

不要隨第三者起舞

遇到高手第三者，最怕的就是心急而亂，變成超級敏感的大型抓人鬼，甚至開始控制伴侶的行動，想完全掌握對方的行蹤，這會讓我們看起來像個恐怖情人。若情緒因此被挑起，做出肢體或言語暴力行為，那就真的全面潰敗了。

保持自身穩定，不要哭天搶地，尋求資源幫助自己才是正解。可以與好友聊聊，讓自己的情緒緩和下來；也可以尋找心理專業的協助，找出關係的盲點，進而調整策略。如果最後不幸分手，除了照顧好自己、儲備能量，也要記住，最好的報復絕對不是攻擊對方，而是讓自己過得更好！

第24課 為什麼寧可DIY，也不想一起滾床？

「我男友好像都不太想碰我耶，怎麼會這樣？」Jenny 喝了口咖啡後，幽幽吐出擺在心中許久的困惑。

「交往後他好像一直對我性趣不高，除非我主動要求。」

天然呆屬性的 Jenny，外在內在條件都不錯，過去追求者也沒少過。原本以為男友是因為工作繁忙，沒什麼性欲，但前陣子發現對方寧可DIY，也不太想滾床，讓她開始緊張了。

「你有問過男友嗎？」我問。

「他就說很忙、很累，叫我別想太多……你們男人真的會這樣嗎？難道他不是不想做，而是不想和我做？」Jenny 想必有在網路上發問，得到鄉民標準答案。

其實這答案說對一半，有些情侶的性冷感並非真的清心寡欲，但要與伴侶來場性愛仍百般推辭，找足藉口，弄得對方一頭霧水，甚至使伴侶懷疑是否自己不再有吸引力，或另有第三者介入。

有趣的是，這種「想（自己）做又不想（與伴侶）做」的狀況，出現在不少男人身上。這是怎麼回事？男人不是容易「精蟲衝腦」嗎？

對於性愛的無力感

這得先了解「男人」這種生物是怎樣被煉成的。男人成長過程中常不斷被灌輸「男子氣概」，包括強壯有力、霸氣外露、主導全場；加上還可能受情色影片影響，讓男人覺得性能力要好，技巧高超這樣才夠強，才能吸引或留住女伴。這種男子氣概未必有絕對好壞，但若過度吸收、奉為圭臬，極端地認為「這樣才叫男人」、「男人只能這樣」，就會變成「毒性男子氣概」，不僅束縛住自己，也綑綁了伴侶與關係。

影響床上表現的因素很多，日常的運動保養、工作太疲累、壓力情緒變化、經驗值高低等。所以 Jenny 男友那句「最近太累」不是謊話，只是關鍵在於當男人「預期自己表現可能不夠好」時，會進一步擔心「自己的爛表現，是否會影響關係」，例如：

「如果沒辦法滿足對方，是不是很丟臉？」

「這樣對方會不會想去找別人？」

「唉，搞不好對方覺得還是前一個比較好。」

於是，性愛對某些男人來說，成為一種考試與任務，只要認為並非最佳狀況，就不想入考場。若男子氣概的觀念根深蒂固，或有完美主義性格，更會假想自己與其他男人競爭、比較，害怕因為表現不夠好，在女伴心中地位下降，最終導致分手。

在某些男人眼中，性不再是雙方身體與情感的交流，而是一場不知如何才能及格的試煉。他們不知道主考官（伴侶）的要求，卻自行設定超高標準，以為非得有完美的性愛，才能證明自己夠好、夠Man、夠資格當男友，否則就留不住對方、被伴侶被鄙視。而且這群男人心裡焦慮，卻很難開口談這件事情。他們會心想：

「和另一半說我的煩惱？這樣對方會不會覺得我很弱？」

「講心事？這很丟臉吧？」

「說不定會後悔和我在一起。」

當這些壓力愈來愈多，性愛變成窒礙，想抒壓反而更緊張，還不如自己用雙手解決方便多了。「反正陪伴多年的十姐妹又不會評論我的技巧。」這讓許多男人寧可選擇DIY，躺床時轉身背對另一半。

這邊也要為男人平反一下。男人受到社會文化影響已久，習慣對自己有著較高的要求，其實這些小劇場也代表男人對這段關係很重視，才會因擔心而產生壓力。

要留意的是，當感情中的「性」不順遂時，代表一種關係的警訊與試煉：我們或伴侶可能遇到了些狀況，影響了對性的渴望與表現。

當發現對方缺乏性致時，別急著認為一定在外偷吃劈腿、移情別戀，可以依循幾個方法來因應：

邀請對方聊一聊

找個合適的安全場合與時間，邀請對方聊一聊。一般人不會想在吵雜的餐廳、咖啡店談彼此間的性事，也別挑三更半夜、對方疲累時討論。記得，先將雙方手機放得遠遠的，以免被干擾。

說出真實的感受

描述自己對兩人性事的觀察，不帶批判與評價，先如實地分享發現了什麼，例如頻率降低、時間縮短、對方看起來總是很累、一成不變等。過程中，若對方急著解釋或反駁，可以讓他說出來沒關係，但我們可以溫和地表示並非要指責，而是想讓關係更好。

鼓勵伴侶也聊聊他的觀察、想法或心情，同樣不指責、不批評，而是帶著好奇與關心去詢問。若對方願意說，別忘了肯定並感謝他的分享，畢竟不是每個人都願意說出內心煩惱或談性。

討論增加性趣的方法

兩人集思廣益，想想如何增加彼此性趣，例如：改變原本的習慣，嘗試新的場地、時間、服裝等。找間有特色的旅館或民宿，從原本習慣的臥室改到客廳，不穿睡衣而是外出服，甚至一起逛街購買「戰鬥服」來個角色扮演等。

但請記得，這些新花招都還是得尊重對方的意願，且建議不要一下就做太激烈的改變。像是從沒用過道具，突然要搭配許多「神器」，對方可能會有所疑慮；對方原本就很注重個人隱私，即使你想玩些尺度較大的遊戲，還是得找相對有安全感的類型，較能說服對方跨出第一步；又例如若伴侶本身有潔癖，你還硬要在野外草地或公廁，對方大概光想像就滅火了。

當雙方的性事卡關，未必就代表關係一去不復返。如同吵架，雖然可能是消磨感情的惡性循環，但同樣也可能成為添加安全感、讓關係更緊密的特殊加分事件。性愛是由雙方共同完成，兼具身體與心靈交流的歡愉儀式，與對方一起探索彼此喜歡的模式及默契，一起享受反而能讓關係更靠近。

不任意評價，用鼓勵代替抱怨，一起合作，體諒彼此。祝你與伴侶性福快樂！

第25課

同居是超前部署，還是超狠地雷？

同居，已是現代社會的普遍現象。因此在最後一課，我想來聊多數情侶都會遇到的問題：要不要同居？若已經結婚共組家庭，或早就與伴侶住一起，「共處一房」有哪些潛在危機？又有什麼破解之法呢？

同居容易分手，是情場真實或危言聳聽？

以數據面來看，「未婚同居」有長期上升趨勢。美國從一九七〇年代開始就明顯增加，根據一九九六年美國婚姻與生活型態調查，同居人口已經由一九七〇年的五十多萬人，增加到一九九六年的四千多萬人。[26]另外，一九七四年時，結婚夫妻僅有一〇%有婚前同居經驗，但到了一九九四年，則為五六%。二〇〇〇年左右，北歐地區（瑞典、芬蘭、丹麥）高達七五到八五%的情侶有同居經驗，法、德、英、奧、比等國則為四六到六七%，南歐如義大利、西班牙、葡萄牙、希臘較低，但仍然落在二八到四四%。[27]

台灣的情況如何呢？二〇一〇年有研究抽樣了五六三位三十歲以上的男女進行調查，發現約二二%有過同居經驗或正在同居中，且近六〇%同居超過一年。[28]

雖然近年未有更新的數據佐證，但我推測台灣「未婚同居」仍呈現上升趨勢，有愈來愈多的情侶選擇住在一起。或許，疫情還增長了這現象，讓情侶們覺得同居可以相互照應。

但同時，近年來也有網路文章、影片大聲疾呼「不該同居」，強調不該搬到伴侶的住處，也不要讓對方搬進你的住處。為什麼呢？

有一種說法是，若讓伴侶「進入」我們原本所建立的生活排程裡，對方會擁有主導權與否決權，開始影響並介入我們本來的生活。不但失去隱私，也無法再依照個人意願安排行程或活動，更不能獨享原有的個人空間，簡單來說就是失去自由，很不方便，會被伴侶牽著鼻子走，被迫順從對方。

也有人認為，同居沒有婚姻的法律權益，卻要扛起婚姻的責任。得支付房租、買日用品，這些經濟重擔可能特別會壓在男人身上。換言之，同居意味著給予對方「我會承擔財務與經濟」的承諾，被迫為各種大小事情負責，若關係惡化或破裂，甚至得扛上道義責任或罵名。

還有說法是，同居後伴侶的欲望會消失，甚至導致性愛減少、感情變淡。這種說法的論點是，當伴侶有著「我的男友／女友可能會去找別人」的競爭意識時，會比較積極於維持關係。但同居像是「綁定」，能掌握另一半幾乎所有行程，所以就會開始鬆懈、擺爛。換句話說，這派觀點認為不安全感、孤獨感、競爭感能持續吸引伴侶，有引誘對方付出的效果，但雙方同居後這些「武器」會消失，讓伴侶因為可以預測、掌控生活而覺得日漸安逸。

這些風險是真的嗎？該如何降低？

26｜Martin, P., Martin, D., & Martin, M.（2001). *Adolescent premarital sexual activity, cohabitation, and attitudes toward marriage*. Adolescence, 36(143), 381-386.

27｜Kiernan, K. (2004). *Unmarried cohabitation and parenthood in Britain and Europe*. Law &Policy, 26, 1-24.

28｜簡維昌（2010）。不同世代未婚者之同居態度、同居經驗及其婚姻態度之研究。國立嘉義大學家庭教育與諮商研究所碩士論文，嘉義。

打破杞人憂天的同居迷思

實際上，同居會否失去自由，取決於我們與伴侶有無設定自己的界線，並提出來討論協調。不論交往、同居或結婚，情侶之間都是「相依心靈，獨立個體」，我們仍須保有自己的人際、興趣、生活，而非某一方完全順從、配合另一方。

雖然同居代表需要劃分空間給伴侶，但雙方可以先討論好各自的私人位置，以及兩人都可使用的公共區域。至於時間與安排，若伴侶在知悉後還想干預，我們可說明自己規劃的理由、可調整的部分，以及與無法退讓、堅持界線的部分。一對伴侶若原本能尊重彼此生活，且不會過度介入對方行程，我不認為同居後就突然做不到了。

至於「同居後就得扛起經濟重擔」（尤其是男性）的說法，充滿了傳統思維的影子。在男女就業率差距不大的現代台灣，婚後雙薪家庭已是主流，那為什麼同居就只能由一方來負擔各項費用呢？依我的工作經驗所見，會因為「男人沒有扛起所有事情」就瞧不起他的，未必是女性，往往是受毒性男子氣概影響較深的其他男性。

也有研究發現，在同居初期，雙方的經濟分配通常採公平原則來均分，盡量不讓某方支出過多；同居時間兩年以上的情侶，則愈來愈不重視公平均分，遇到大筆開銷時，就由當下手頭較寬裕的人支援，且雙方會逐漸培養出「分工」的默契，例如飲食多由一方支付，衛浴消耗品則由另一方處理。研究中受訪的同居情侶認為，只要雙方負擔的部分不會太誇張傾斜即可，不需要算到太精細，否則反而像是陌生人。

而說到家務打掃、洗衣煮飯，相關研究中發現多由雙方依照個人興趣、專長來形成默契並分配。有趣的是，在多對受訪情侶中，女性負責家事的比例較高，一來是雙方受家庭背景、性別教育的影響，二來是有女性受訪者表示交給男友弄，還不如自己來比較快。

因此，「同居代表某一方得扛下所有責任」早已不符合現代愛情的分工合作，「同居後，男人就得負責全部的經濟開銷」更像是男生自己嚇自己，而非現實之情況。「同居後若關係惡化或破裂，得承擔道義責任或罵名」，同樣讓人匪夷所思，畢竟同居是雙方情投意合、點頭同意而為之，現代情侶大概早就沒有「與你同居，你就必須給我負起責任來」、「同居代表你不能與我分手」的束縛了。

當然，若同居期間因為吵架而蓄意破壞裝潢，或毀損對方的東西，甚至在牆壁寫下辱罵文字，那就可能得承擔法律責任。

朝夕相處不該成為鬆懈的藉口

多數人最關切的，或許是我們會否因為同居，就失去對伴侶的吸引力呢？同住屋簷下、相處時間變長，會導致伴侶對我們的熱情或性欲降低嗎？

同居的確可能讓人更容易鬆懈躺平，誤將安逸當成安全。例如認為住一起代表感情已穩定，而不想多花心思經營；朝夕相處、每天都能見面，淪為兩人各自滑手機、追自己的劇，而缺少互動交流。當關係愈來愈平淡，雙方也愈來愈像「室友」。我們對伴侶來說已不再是無法取代、想一路走下去的重要依戀對象，還可能對彼此產生「姑且先在一起，直到遇上更吸引我的人」的想法。

因此，同居後務必提醒自己持續維繫感情熱度，才能讓關係如同流動的溪水。同居對感情的影響是正面或負面，端看雙方的溝通與協調，以及兩人是否有默契和意願用心經營。

來自不同背景、環境，擁有各自習慣與價值觀的兩人同住，勢必有許多生活差異要協調。但這也是非常好的機會，讓雙方練習表達、討論，找出「這件事我可以多擔待，那件事則是對方退一步」的平衡。此外，同居也是我們觀察、評估眼前對象是否適合的好時機，原本客套偽裝的盔甲，很容易在同住後逐漸剝落，展現更為真實的一面。若覺得伴侶實在與之前落差太大，或有些地方踩到你的地雷又溝通無效，就該認真思考到底是否繼續走下去。

簡單來說，同居讓你觀察對方是否適合一起生活，也可評估自己是否真的想與別人住一起或進入長期關係。有助於更了解自己、伴侶，以及這段關係的未來方向。

決定同居前，該討論的三件事

同居是一個篩選伴侶的實用策略，讓我們能夠提前避開不合適的對象，也是個讓關係更緊密、決定與對方走得更深的契機。與伴侶同居前，建議邀請對方共同思考三個問題：

為什麼想同居？

同居是為了省錢（生活開銷、房租或旅館錢）？約會或滾床比較方便？還是不想住家裡，希望能獲得更多自由？我建議不要單純因為經濟考量、節省時間或個人家庭因素，而輕易與伴侶同居。

若為了解決兩人的某個困擾，將同居視為一種解藥，或許暫時能緩解問題，但對彼此的關係未必是帖良方。以「不得不選擇同居」來因應生活、工作或原生家庭的疑難雜症時，我們會預設同居是用來解決問題的，可偏偏同居本身容易產生新的問題，很容易讓人感到煩躁不耐，頻繁發生衝突。

因此，當雙方「都想讓關係更進一步」、「希望走入下一階段」，才是同居的好時機。兩人對這段感情有共同目標，讓彼此都有更高的動力來經營同居生活。即使出現摩擦不和，也能更有耐心協調及磨合。

如何分工？

反對同居者有種說法：住在一起後的柴米油鹽醬醋茶將成為關係殺手，讓情侶因此累積不滿與壓力，最後導致分手。然而，若兩人都有「走入婚姻」的打算，終究會遇到這些日常瑣事，那為什麼不提早接觸呢？

為了讓雙方適應得更快、更好，記得邀請伴侶一起把「同居後需要處理的事情與開銷」條列出來。可以先準備一張紙來個腦力激盪，想到什麼就寫下來，隨後一一再整理、分類，並討論每項事務與開銷由誰主責、遇到例外狀況怎麼辦。

家務分工，可以從雙方的「專長」與「意願」來分配，例如一方可能善於料理，就適合張羅餐食，而洗碗清潔就由另一方負責；或許另一半比起收折衣服，更喜歡洗滌與晾衣，就可以討論是否如此分工。家務中可能有幾項是雙方都不想做的，那就看如何決定，可以輪流，也可以猜拳或抽籤，只要雙方找出都能接受的模式即可。

財務分工，同樣從雙方的「收入」與「習慣」來切入，例如一方剛換工作，薪水比另一方低，可討論能否較大項目的支出（例如房租、水電）先由手頭較寬裕的一方負責，剛起步的一方則購買日用品與食材。同居的開銷分攤上，並不需要做到齊頭式平等、完全AA制。要記得，兩人是同盟隊友而非單純的室友，依照彼此狀況相互支援，是很重要的練習。

假如收入較高者可能分攤多一些的開銷，但另一方則因工時較短而負責過半家務，到底「比例」該如何拿捏，沒有絕對標準或完美答案，端看兩人討論。我建議雙方可設立「共同帳戶」，生活開銷可從裡面提取支應，省去每次計算金額、分攤付錢的麻煩。至於各自要拿多少進共同帳戶，也需兩人討論，且不能單看「收入」，得考量到其他實際狀況，例如收入較高的一方，或許每個月的孝親費不少，另一方收入略低但不需拿錢回家；又或者其中一方工作屬於自行接案，每個月收入起伏較大，那雙方每月提撥到共同帳戶的比例，也未必要固定。

家事、財務如何分工，請在同居前與伴侶耐心討論，先規劃出主要架構。實際同居後，必然會有新的家務與開銷蹦出來，這時就再次商量協調，來個「滾動式調整」吧！最忌諱的是，覺得負擔過重卻不敢表達、默默隱忍，累積怨懟後突然爆發。當我們不想出這麼多、做這麼多，比起上網討拍、尋求公審，還不如好好邀請伴侶坐下來談一談，討論目前分工怎麼調整。

如果雙方各有堅持、都無法讓步，不妨重新思考是否還要繼續這場「同居實驗」。或許現階段還不適合住一起，甚至不適合在一起，那就為這段關係做出新的抉擇吧！關係是可變動的，別讓同居成為一種束縛。

如何結束？

我們都希望透過同居，讓兩人更靠近；然而情侶也可能因為同居，發現彼此不適合而分開。在同居前先思考「不住了」怎麼辦，這並非悲觀唱衰，而是超前部署。做最好的準備之餘，也要做最壞的打算，以免雙方從情人變仇人。

同居情侶要能好聚好散，前述分工討論要做好，不要完全由其中一方負擔所有的家事或開銷，這很容易成為壓垮駱駝的最後一根稻草。此外，同居初期除了必需品，盡量避免購買高價的家具家電，可等共同生活愈來愈順暢融洽後再購入，否則結束同居時，光「分配財產」就吵不完了。

另外，同居初期也不適合急著養寵物，若要飼養，請先講好分手時「撫養權」歸給誰。絕對不能因為自己無法單獨養、環境不允許、看到就難過之類的理由，任意將寵物棄養。無法認真看待並尊重生命的人，我想也難有順利幸福的愛情。

同居，是個試煉場

當同居成為趨勢，我們不必刻意跟風、趕流行，急著和伴侶住一起，也不需因刻板印象的桎梏，或自身對親密關係的害怕而一味反對。同居是為了更認識彼此，包括看到對方好的與不好的那面，讓雙方可以更精確評估關係該如何走下去。同時也是在實際進入婚姻前，有個很好的生活相處機會，練習溝通、協調、陪伴與經營關係。

若對同居有所疑慮，怕太急進影響關係，也不妨考慮「漸進式同居」。可先短暫同住幾天，逐漸拉長天數後，再考慮是否要長期合租合住。總之，同居有風險，但也可能帶來豐厚的報酬，至於是賺是賠，就掌握在你們手中囉！

尾聲
愛情是個好東西，只要你知道如何經營它

擁有好伴侶，是一種無與倫比的幸福。

然而這些事物與感受，並非交往後就憑空出現、源源不絕，它們都需要付出努力來獲取。

別擔心，閱讀完本書的你，已經擁有豐富知識與技巧，能夠創造出這些美好。更重要的，是這條旅程已經並非你單打獨鬥、辛苦前行。你已經擁有了一位隊友，建議也將本書與伴侶分享，一起聊聊裡面的內容，思考如何運用在雙方互動中，他／她將成為你最強的支援戰力，共同前行。

當然，一段美好的愛情，並非毫無波折、總是順遂。

可能因爭吵而突然湧現過量負面情緒，雙方準備開啟戰或逃模式；也可能對方某

個讓你一直不喜歡的小習慣又出現，你為此感到煩躁，準備碎念一番；又或是對方臨時接到工作，原本約會只能延期，剩你一個人無奈放空……

在某個時刻，你或許對這段感情有些沮喪、不安、擔心、煩惱，這時不妨回想兩人確定關係、給出甜蜜承諾的畫面：也許是漫步的公園、夜幕中的煙火、有著異國氛圍的餐廳、微風吹拂的蓊鬱山頂、俯瞰都市夜景的摩天輪、飄散著濃烈咖啡香的昏黃小店，那些美好將讓你緩和心情、放慢步調，重新看見什麼事情才是最重要的。

若你對關係經營、衝突因應、自我提升等方面仍感到卡關，需要透過專業晤談獲得方向、找出解答，也歡迎與我聯繫（mulberrymore@gmail.com 或臉書粉絲專頁「瑪那熊諮商心理師」，沒有小編，都是我自己收訊回訊，皆會嚴格保密）。

最後祝福你，不必假裝幸福，而是與伴侶好好享受愛情！

國家圖書館出版品預行編目 (CIP) 資料

在一起，不是要你假裝幸福：揮別戀愛焦慮的 25 堂感情成長課／瑪那熊（陳家維）著. -- 初版. -- 臺北市：遠流出版事業股份有限公司, 2023.06
面； 公分

ISBN 978-626-361-125-2（平裝）

1.CST: 兩性關係 2.CST: 戀愛心理學

544.37014 112006772

在一起，不是要你假裝幸福

揮別戀愛焦慮的 25 堂感情成長課

作者／瑪那熊（陳家維）

資深編輯／陳嬿守
美術設計／謝佳穎
內頁排版／魯帆育
行銷企劃／鍾曼靈
出版一部總編輯暨總監／王明雪

發行人／王榮文
出版發行／遠流出版事業股份有限公司
104005 台北市中山北路一段 11 號 13 樓
電話／（02）2571-0297 傳真／（02）2571-0197 郵撥／0189456-1
著作權顧問／蕭雄淋律師
2023 年 6 月 1 日 初版一刷

定價／新台幣 380 元（缺頁或破損的書，請寄回更換）

ISBN 978-626-361-125-2

遠流博識網 http://www.ylib.com E-mail: ylib@ylib.com
遠流粉絲團 https://www.facebook.com/ylibfans